同花顺投资理财丛书

同花顺
长线投资实战方法
构建横跨牛熊的投资体系

同花顺 ◎ 著

电子工业出版社
Publishing House of Electronics Industry
北京·BEIJING

内 容 简 介

本书是专为投资者打造的长线投资实战指南，深入剖析了散户亏钱的三大原因，并从逆向思维、周期理论、估值方法、市场情绪判断、跟踪主力选股及穿越牛熊的投资策略等六大方面，帮助投资者构建稳定盈利的投资体系。

书中详细讲解了康波周期、朱格拉周期、基钦周期等周期理论，DCF、PEG、PB 等估值方法，以及从技术指标、市场全局等角度判断市场情绪的技巧，还介绍了跟踪机构和游资选股的方法，以及牛熊市中的炒股思路和操作技巧，助力投资者实现资产稳健增长。

本书适合偏向长期投资操作的投资者、希望构建系统投资体系的投资者阅读。

未经许可，不得以任何方式复制或抄袭本书之部分或全部内容。
版权所有，侵权必究。

图书在版编目（CIP）数据

同花顺长线投资实战方法：构建横跨牛熊的投资体系 / 同花顺著. -- 北京：电子工业出版社, 2025. 7. （同花顺投资理财丛书）. -- ISBN 978-7-121-50548-5

I. F830.91

中国国家版本馆CIP数据核字第2025CT4889号

责任编辑：高丽阳
印　　刷：三河市双峰印刷装订有限公司
装　　订：三河市双峰印刷装订有限公司
出版发行：电子工业出版社
　　　　　北京市海淀区万寿路173信箱　邮编：100036
开　　本：720×1000　1/16　印张：12.5　字数：200千字
版　　次：2025年7月第1版
印　　次：2025年7月第1次印刷
定　　价：79.80元

凡所购买电子工业出版社图书有缺损问题，请向购书店调换。若书店售缺，请与本社发行部联系，联系及邮购电话：（010）88254888，88258888。
质量投诉请发邮件至 zlts@phei.com.cn，盗版侵权举报请发邮件至 dbqq@phei.com.cn。
本书咨询联系方式：faq@phei.com.cn。

同花顺投资理财丛书
编委会

主　编：邹　鲁

副主编：廖造光　　麻广林　　马晓斌　　余志亮

编　委（按姓名拼音排序）：

　　　　常起宁　　贵云平　　胡亚伟　　盛　栋

　　　　盛　卉　　徐一帆　　杨光松　　余燕龙

　　　　张　群　　朱胜国

前言

散户亏损的三大原因

为什么多数投资者尤其是散户在投资过程中往往会亏损？这不仅是一个值得深入分析的问题，也是每位散户自我反省的关键点。根据我们的观察，散户遭遇亏损的原因大致可以归纳为三个。

第一个原因是入场时机的误判。具体来说，许多散户在市场潜力尚未充分展现时急于入场，而当真正的投资良机出现时，他们却已深陷其中，动弹不得。这实际上凸显了一个在散户身上普遍存在的问题——缺乏足够的耐心。

回想一下，有多少投资失利的故事，其根源正在于此？以 2023 年 5 月—2024 年 2 月股市的大幅波动为例（见图 0-1），那段时间不少股票经历了急剧下跌，到了 2024 年 2 月初时，理论上超跌反弹机会已然显现，但实际情况是，大部分散户已被套牢，有的甚至早在市场处于 3300 点、3400 点高位时便已入场。

图 0-1

诚然，并非所有股票都随市场下跌，但仍有不少个股价格大幅下滑，跌至看似极为吸引人的低位。然而，当真正的低价买入时机到来时，许多散户因前期的不恰当操作已无资金可用，这无疑是对时机把握失策的直接体现。因此，如何准确判断并把握入场时机，避免在市场低潮时资金耗尽，成了每位散户亟须面对和解决的问题。

第二个原因是选股能力的欠缺。即便散户精准地捕捉到了最佳入场时机，但如果所选股票不具备上涨潜力，收益也往往不尽如人意。在股票市场中，有的股票仅能随大流波动，有的则能实现显著增长，甚至能逆势上扬。因此，如何识别并买入真正具有增值潜力的股票，成了散户面临的重大挑战。

第三个原因是买卖点掌握不当。部分散户即便幸运地在正确时机买入了潜力股，也常常因为缺乏持股定力，错失大幅盈利的机会。他们可能在股票刚启动上涨时就过早卖出，仅获取微薄利润；而对于表现不佳的股票，却又固执持有，不愿及时止损。这种买卖点掌握不当的现象，进一步加大了投资损失。

举例而言，在 2021—2024 年的市场中，新能源和医药板块让众多散户尝到了苦果。以康希诺（股票代码：688185）为例，该股股价从 2021 年 6 月份接近 800

元/股的高点骤降至 2024 年 3 月份的 40 多元/股，跌幅逼近 95%，几乎所有在下跌途中买入的散户都遭受了巨大损失，如图 0-2 所示。

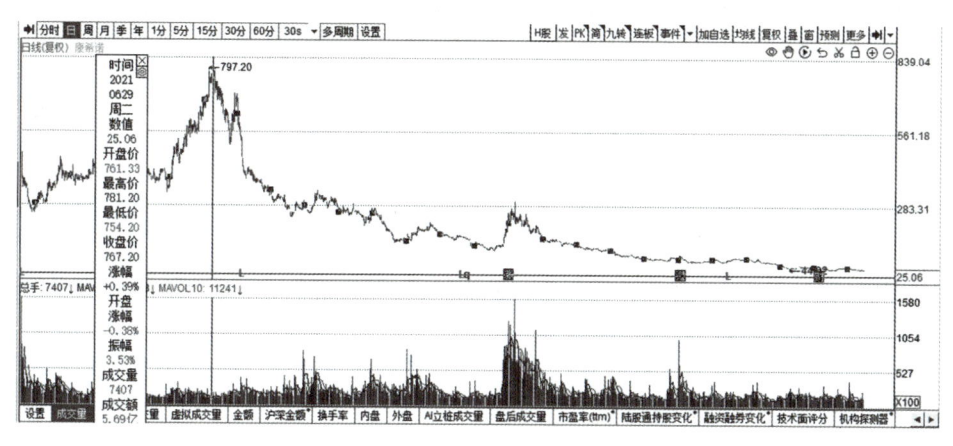

图 0-2

类似地，光伏领域的晶澳科技（股票代码：002459）、隆基绿能（股票代码：601012）等股票，从 2022 年 6 月到 2024 年 2 月，都出现了大幅回调，许多在"半山腰"位置买入的散户亏损超过 50%，尽管市场曾给予他们多次减少损失的离场机会，但犹豫不决往往导致这些机会被白白错失，结果损失惨重，如图 0-3、图 0-4 所示。

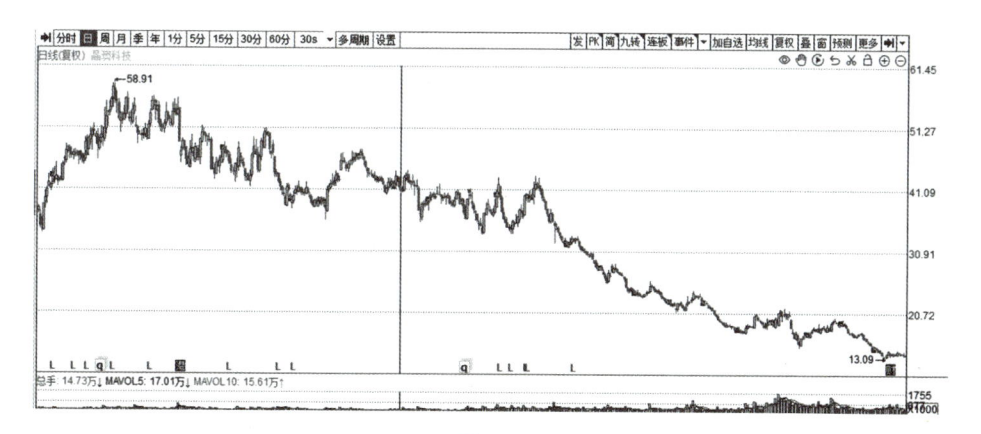

图 0-3

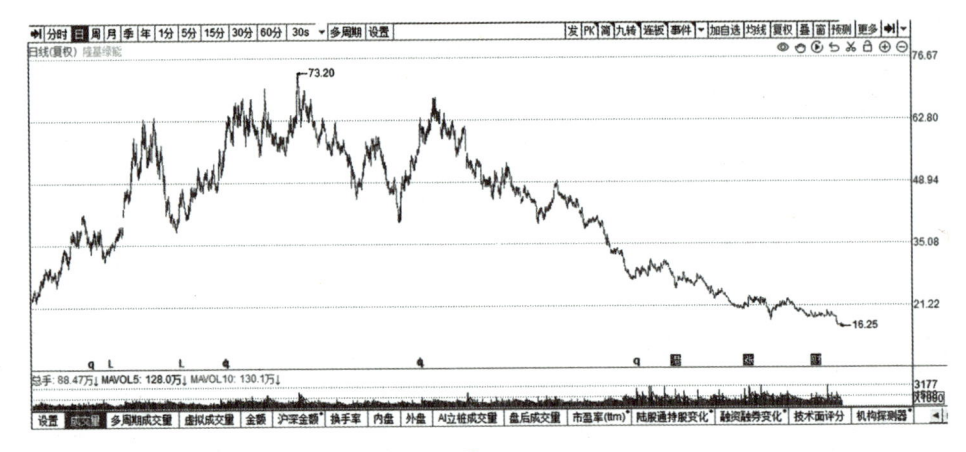

图 0-4

反观中国核电（股票代码：601985），其股价自 2023 年初起持续上涨，累计涨幅可观，但不少散户仅持有短暂时间，见出现几根阳线后便草率换股，未能充分利用这段明显的上涨行情，如图 0-5 所示。

图 0-5

可以看到，入场时机的误判、选股能力的欠缺，以及买卖点掌握不当，构成了散户频繁亏损的主要原因。

而本书的目标，就是通过五个方面的内容来帮助散户解决这三个造成亏损的问题。这五个方面的内容是：深度剖析经济周期与股市波动的内在联系的技巧、科学的公司估值评估方式、市场情绪高低的判断方法、甄选潜力股的技巧，以及牛熊市中不同的实战策略。

估值分析与逆向思维是本书的两大核心。估值分析是投资决策的重要依据，而逆向思维则是贯穿整个投资策略的灵魂，它要求散户在市场共识之外寻找机遇，敢于在众人恐惧时贪婪，在众人贪婪时恐惧。掌握逆向思维，意味着能在复杂多变的市场环境中灵活应对，不拘泥于传统思路，从而在实际操作中更加自如。在第一章中我们将重点讲解逆向思维，因为它是深入理解其他所有内容并将其有效应用于实战的关键所在。

探讨　三年大熊市中散户的状况

在2021年底至2024年9月这段长约三年的下跌过程中，大多数A股散户亏损都是非常惊人的，据相关统计数据，A股散户2022年人均亏损7.87万元，2023年人均亏损6.45万元，而截至2024年9月初，情况也同样非常糟糕。在不到三年的时间里，散户的平均亏损达到了18万元。自2024年9月24日起，市场开始了一轮暴涨行情，很多股票都出现了翻倍甚至翻几倍的行情，但是大多数散户仍然处于解套的过程中，尤其是前期买入光伏、医疗等品种股票的更是如此。例如隆基绿能（股票代码：601012），2021年其股价最高达到了73.03元/股，而截至2024年10月底，股价也只不过反弹到了20元/股左右，如果是以60元/股买入的，那么亏损依然有67%。再例如房地产板块，很多股票同样经历了大幅调整，如万科A（股票代码：000002），最高价曾触及36.38元/股（2018年1月），但从2021年开始，从31元/股左右一路下跌至6元/股左右。很多散户都是在20元上方介入后被套牢的，而截至2024年10月底，万科A的股价虽然反弹到了最高10元/股左右，但是持股的散户大多仍处于被套牢的状态。造成这一切的主要原因就在于一开始没有选择合适的时机入场，而在被套之后又盲目地持有，以至于强势反弹行情甚至反转的行情也仅仅沦为一个解套的过程罢了。

那么为什么选择合适的时机对于大多数散户这么难呢？其实我们可以看到，大多数被深套的散户是在股价高位一时头脑发热"追"进去的，这是很多散户经常犯的一个错误。很多散户奉行所谓的"炒作"，很多完全没有什么业绩和竞争力的垃圾股，时不时被大资金借助各种题材进行疯炒，而散户也蜂拥而上，以至于完全忽视了这类股票从高位开始回落的巨大风险。尤其是刚刚进入股市不久、止损纪律不严格的新散户，很可能一开始触碰这类题材股时会小有收获，甚至连续抓到涨停板。尝到了甜头之后，便一发不可收拾，当这些垃圾股的股价翻倍甚至翻了几倍之后，这些散户仍然对背后潜藏的巨大风险熟视无睹，所以被深套的散户大多习惯于短线操作，并且一开始就冲着所谓的热点或者题材而追高买入。另外还有很多散户其实并不热衷于寻找绩差股，但是在股价极高位置买入了一些蓝筹或者成长类股票，比如在2021年买入新能源或者医药类龙头股，看似是在做价值投资，却不知道此时买入这类已经大幅透支未来业绩的所谓"龙头股"，在本质上仍然是一种盲目追高的行为，甚至可以说与盲目买入题材股的行为没有多大的区别。

总结下来，散户要想避免追高的风险，一方面要尽量远离题材炒作，远离那些没有扭亏潜力的绩差股和垃圾股，另一方面对于优质龙头股，也不能在高位盲目买入，否则一旦被套，照样是几年时间内都难以回本。而要真正做到以上两点，就需要对估值和心态方面有足够的把控，后面我们会针对这些方面做详细讲解。

那么为什么被套之后，很多人完全不知道止损，反而选择"死扛"甚至不断高位补仓呢？究其原因就在于他们不了解熊市期间一只股票的潜在下跌时间和幅度，具体来讲，就是不知道如何从估值的角度去判断股票在极端情况下可能跌至什么水平，所以才会盲目坚守和补仓。

就好比我们前文提到的康希诺（股票代码：688185），该公司在2020年成功上市，在新冠疫情期间大幅盈利，2021年净利润超过了19亿元，这就给很多散户一种该公司能够持续盈利的印象，殊不知一旦疫情结束了，这类公司就无法继续保持高盈利的状态。

如果我们再去分析这家公司在2021年之前的财务报表，就会发现其盈利情况非常差，如图0-6所示。虽然该公司的研发实力不俗，拥有埃博拉疫苗技术储备，但这些技术迟迟无法大规模应用。

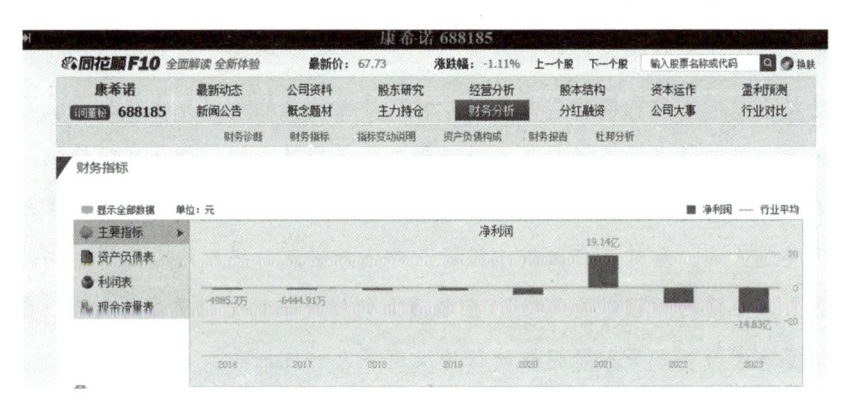

图 0-6

因此，该公司一旦盈利减少甚至亏损，基本面恶化，其股价下跌幅度不会很小，如果散户能有这种认知和判断，那么即便在高位买入并被套住，在从2021年股价近800元/股一路下跌到2024年的37元/股左右的过程中，也可以及时抽身而退，规避股价的进一步下跌。

比如天齐锂业（股票代码：002466），这是一只典型的周期股，是本书重点研究的股票类型，当2022年碳酸锂价格疯涨至50万～60万元/吨的时候，很多散户以为该公司能够一直保持高盈利状态，却不知物极必反的道理——一旦供过于求，商品价格必然大跌，相关公司很可能陷入低盈利甚至亏损的状态，进而导致股价大幅回落，并且有跌破每股净资产的可能。最终，我们看到天齐锂业也没有摆脱这种宿命，股价从2022年高位的144.22元/股，跌至2024年10月之前的最低24.44元/股，跌幅超过 80%。如果散户能够清醒地认识到商品价格的变化规律，并且以此来判断股价最终的底部区间，那也不至于在下跌的过程中盲目坚守，而会选择及时止损。所以说在被套之后，我们一定要对股价最终的下跌空间有清醒的认识，这涉及估值判断的问题，也是本书会讲到的内容。

目录

第一章 逆向思维的实战运用 ... 1
第一节 逆向思维的重要性 ... 3
第二节 逆向思维在投资实战中的运用 ... 6
探讨 知易行难的逆向思维 ... 13

第二章 投资应与经济周期同频 ... 17
第一节 找准人生中最佳的发财机会：康波周期 ... 19
探讨 康波周期的神奇作用 ... 29
第二节 探寻股市中的大机会：朱格拉周期 ... 31
探讨 朱格拉周期在周期股投资中的神奇作用 ... 36
第三节 看懂股市牛熊转换的逻辑：基钦周期 ... 38
探讨 基钦周期的实用性和局限性 ... 45

第三章　估值是长期投资的核心 47

第一节　估值在长期投资中的重要性 49
探讨　价值投资对 A 股是否有效 58
第二节　蓝筹股的估值法宝：DCF 估值法 60
一、自由现金流贴现估值的原理 60
二、三大参数的确定方法 63
三、DCF 估值法的实战技巧 67
探讨　自由现金流贴现估值法在 A 股市场中的实用性 72
第三节　成长股的估值利器：PEG 估值法 74
探讨　PEG 估值法与 DCF 估值法的关系 80
第四节　周期股的价值天平：PB 估值法 81
探讨　市净率的实用性 87
第五节　估值的核心难点 89

第四章　市场情绪的判断方法 99

第一节　从技术指标判断市场情绪的高低 101
一、潜在买入资金的判断方法 102
二、潜在卖出资金的判断方法 102
三、高位股和低位股 105
探讨　市场情绪对不同股票的影响程度 112
第二节　从市场全局判断市场整体情绪的冰点 115
探讨　市场整体情绪判断在熊市中的重要性 125
第三节　从市场全局判断市场整体情绪的高点 126
探讨　牛市行情中的市场情绪把握 133

第五章　跟踪主力选股的实战方法 135

第一节　跟踪机构持仓选出潜力股 137

| 探讨 | 基金持仓的参考意义 147
第二节 | 机构加仓成本的分析和应用 148

第六章　穿越牛熊的投资策略 153

第一节　A股牛熊市的运行规律 155
| 探讨 | A股何时迎来慢牛 163
第二节　熊市的炒股思路和技巧 165
　　　　一、熊市要等到情绪冰点才会迎来超跌反弹 165
　　　　二、熊市期间的利好通常是陷阱 168
　　　　三、熊市的超跌反弹只需部分龙头股具备吸引力 170
　　　　四、熊市炒股的操作要领 170
| 探讨 | 熊市生存的关键策略 172
第三节　牛市的炒股思路和技巧 176
| 探讨 | 牛市行情中做T操作的有效性 182

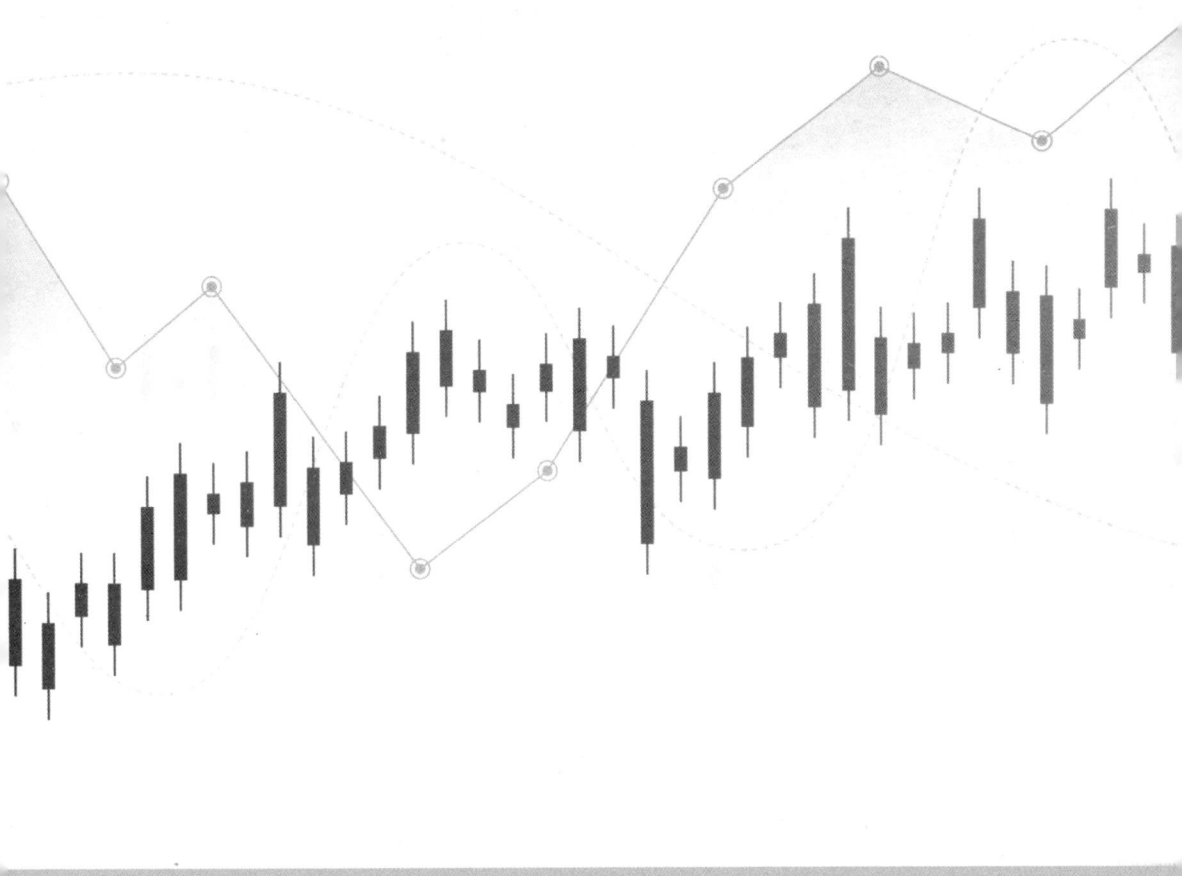

第一章
逆向思维的实战运用

什么是逆向思维？简而言之，逆向思维就是在对市场中的投资者的认知和行为进行充分了解的基础上，进行反向操作，从而寻找到真正机会的一种思维方式。而逆向思维之所以至关重要，是因为它促使投资者在市场情绪极端化时保持清醒，能做出正确和理性的决策。

第一节 逆向思维的重要性

相信绝大多数人都听过沃伦·巴菲特的名言："别人贪婪时我恐惧，别人恐惧时我贪婪"。这句话完美诠释了逆向思维的特点和作用。并且，巴菲特不仅是这样说的，也是这样做的，这也是他成为投资界传奇的重要原因之一。

以巴菲特在中国的投资为例，他对比亚迪的投资决策就是逆向思维的经典应用。

2008年国际金融危机期间，市场普遍笼罩在恐慌情绪之中，比亚迪的股价也不例外地受到拖累。但巴菲特却在多数人陷入恐惧而抛售时，于2008年9月底大胆买入比亚迪港股。彼时，全球金融市场因美国次贷危机引发的动荡达到高峰，包括中国A股在内的多个市场遭受重挫，市场情绪极度悲观。然而，正是在这样的背景下，经过其投资伙伴芒格的推荐，巴菲特通过其公司伯克希尔·哈撒韦入股比亚迪，充分体现了其在市场恐慌时寻找低估价值的逆向投资哲学。

2022年，情况发生了逆转，新能源行业因疫情后的复苏以及全球对可持续能源需求的增长而蓬勃发展，比亚迪的股价随之飙升，市场中一片看好之声，投资者纷纷涌入。这时，巴菲特并没有跟随市场高涨的热情继续追加投资，反而从2022年8月开始逐步减持比亚迪的股票，这一举动最初遭到不少人的质疑和不解，但随后的市场波动证明，巴菲特又一次在市场过于乐观时做出了谨慎退出的决策，避免了潜在的市场回调风险。

通过这两次操作，我们不仅看到了逆向思维在实际投资中的应用，更深刻理解了它为何在战胜人性的贪婪与恐惧、实现长期稳定收益方面至关重要。逆向思维要求投资者具备独立思考的能力，不受市场情绪左右，能够在众人盲目从众时保持冷静，做出基于理性分析而非情绪驱动的决策，这也是成功投资者必备的一项核心技能。

但对于普通投资者来说，要想做到按逆向思维来进行投资决策，很显然是非常困难的。现实中，投资者所表现出来的投资逻辑，往往是"别人贪婪时我更加贪婪，别人恐惧时我更加恐惧"。

举例来说，2022 年新冠疫情期间，由于连花清瘟胶囊等药物需求激增，以岭药业（股票代码：002603）的股价随之暴涨，从 18 元/股最高涨到 50 多元/股，单日的最高成交额达到 130 多亿元，市场情绪极度乐观，如图 1-1 所示。在此形势下，投资者往往受到周围人或媒体的影响，认为股价还会继续攀升，于是纷纷追高买入，也就是我们常说的出现了股市的"羊群效应"。但很快，随着市场热情退却，股价回调，追高买入的投资者最终被深套，这正是"别人贪婪时我更加贪婪"的结果，教训深刻。

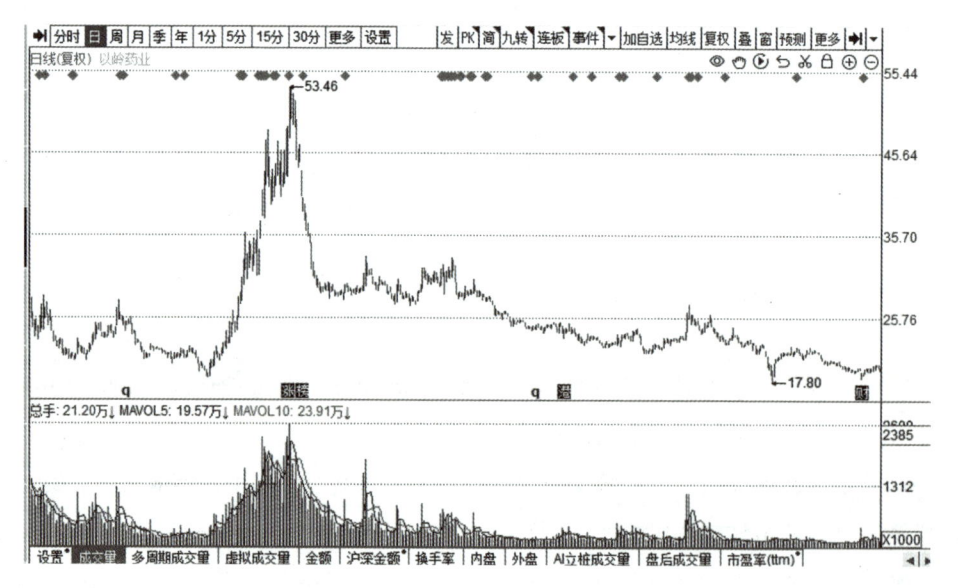

图 1-1

我们再来看一个"别人恐惧时我更加恐惧"的案例。

2023年1月，华泰证券（股票代码：601688）发布了配股方案，当时该股的股价并不高，甚至可以说很低，很多投资者已经被深套，即便没有被深套，半路进去的投资者也没有挣到钱。此时发布配股方案，这对于投资者来说并不是什么利好，因为配股可能给现有股东带来直接或间接的财务负担。但不少投资者在恐惧情绪的驱使下，对这一消息反应过度，选择迅速割肉离场或不敢把握抄底机会。然而，华泰证券的股价在短暂下跌后开始筑底回升，错过机会的投资者只能眼睁睁看着股价反弹，这是"别人恐惧时我更加恐惧"的典型体现，如图1-2所示。

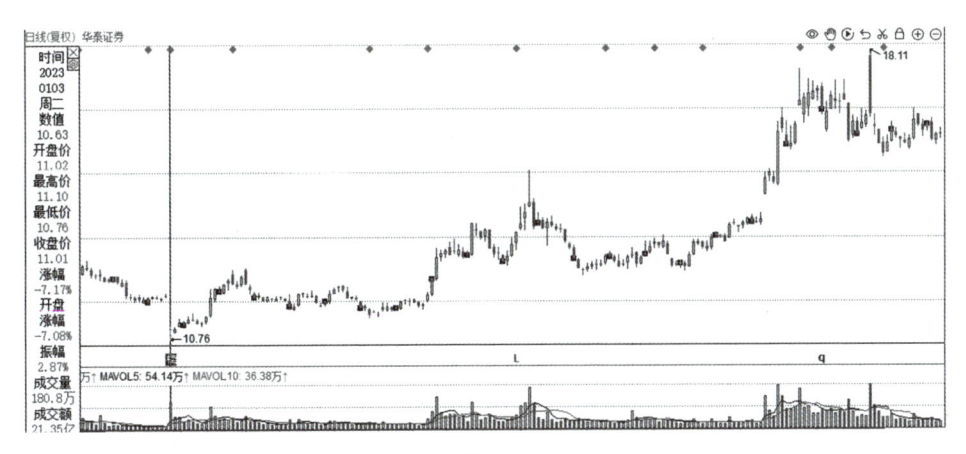

图 1-2

这些案例共同揭示了普通投资者在市场波动面前易受情绪左右，缺乏独立判断能力的现状。他们在市场极度乐观时追涨，极度悲观时杀跌，忽略了基本面分析和理性投资的原则，从而陷入了"高位接盘、低位割肉"的恶性循环。要改变这种局面，关键在于培养逆向思维，学会在市场恐慌时寻找被低估的价值，在市场狂热时保持冷静，避免盲目跟风，这样才能在投资道路上走得更稳、更远。

第二节　逆向思维在投资实战中的运用

那么，在投资中，逆向思维的本质是什么？在进行具体分析时，我们该如何应用逆向思维呢？

逆向思维在股票投资中的核心逻辑，实质上是基于对市场情绪与资金流动之间动态关系的深刻理解。市场的涨跌本质是买卖双方资金力量的较量，买入多于卖出则股价上涨，反之则下跌。逆向思维的精髓，在于利用市场情绪的极端状态来预测资金流向的转折点，从而做出与大众情绪相反但往往更明智的投资决策。

当市场普遍弥漫着悲观情绪，即多数投资者感到恐惧并纷纷抛售时，这种悲观情绪反而有可能减小了未来的卖方压力，因为大量抛售行为已提前发生。此时，股价往往因过度反应而被低估，估值吸引力又明显增加，为逆向投资者提供了低价吸入优质资产的机会。这些投资者认识到，随着卖压释放殆尽，少量的买入资金即可推动股价回升，故而采取"别人恐惧时我贪婪"的策略。

相反，当市场情绪普遍乐观，大众贪婪追涨时，表明大量买家已入市，使得股价升高至可能脱离基本面的水平。此时，理性的大型投资者如机构和"国家队"因估值过高而减少买入，而市场中充斥着抱有短期投机心态的参与者，他们对风险异常敏感，一旦市场有不利信号，极易触发集体抛售，引发股价快速下跌，形成"踩踏效应"。因此，逆向思维在此时倡导"别人贪婪时我恐惧"，避免在高点接盘，以防被套牢。

简而言之，逆向思维教导我们在市场情绪两极分化时，应保持清醒头脑，利用好市场非理性行为创造的机会。在大众过度悲观时，看到买入良机；在大众过度乐观时，预见风险并规避。这不仅是一种对资金流向的前瞻性判断，也是一种对抗人性弱点、克服从众心理的投资智慧。逆向思维使投资者能够在众人迷失方向时，找到成功投资的清晰路径。

接下来，我们来聊聊逆向思维在实战分析中的具体运用。

逆向思维在投资分析与决策中的作用，不限于对市场情绪和资金流向的洞察，还深入影响着我们对具体分析工具和方法的应用，可以说，本书的所有内容，都是围绕"逆向思维"展开的，它是贯穿整个投资过程的关键思维框架。后面的估值分析、情绪面的技术判断、跟踪大机构资金流的实操技巧以及牛熊市的实战方法，也是建立在逆向思维基础之上的。

比如从估值分析的角度，逆向思维可以帮助投资者时刻保持冷静，从而准确评估股票的真实价值。

举例来说，天齐锂业（股票代码：002466）在2022年4月到7月间迎来了一轮非常好的走势，如图1-3所示。究其原因，是其主要产品碳酸锂的价格飙涨，带动了股价上涨。碳酸锂从2020年的4万元/吨，一路涨到接近60万元/吨，在2022年7月份的时候，碳酸锂的价格依然维持在50万元/吨，天齐锂业的毛利率超过了80%。在这样的背景下，普通投资者可能会受从众心理驱使，认为购买此类股票是稳赚不赔的选择，却忽视了对产品价格未来趋势及合理估值的深入分析。

相反，具备逆向思维的投资者会评估碳酸锂价格的可持续性——长期以来碳酸锂的价格都是两三万元/吨，最高也不到10万元/吨，现在价格涨到50万元/吨，未来还能再涨吗？如果产品价格的上涨不可持续，那么支撑股价上涨的理由也就没有了，也就是说不论是碳酸锂的价格还是相关股票的价格，其估值水平都是非常高的，因此具备逆向思维的投资者会对股价上涨的空间持谨慎态度，从而避免了后续价格回调带来的损失。

图 1-3

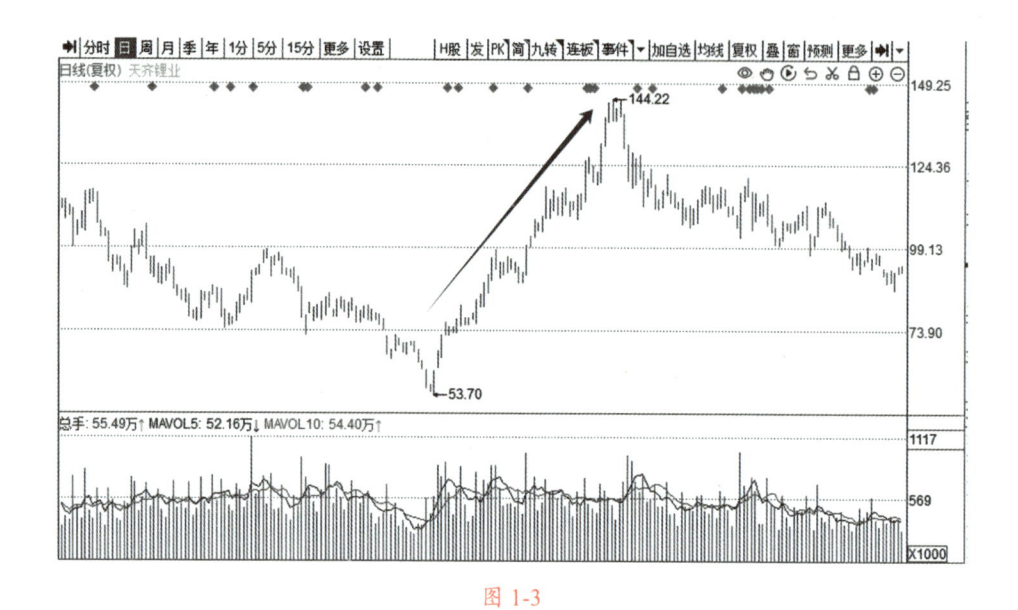

这就是我们要掌握逆向思维的原因，它能够让我们真正理性地去评判股票和商品的估值，从而避免出现高位被套的情况。

根据同样的道理，在前面提到的华泰证券案例中，逆向思维同样可以发挥关键作用。比如尽管当时市场中普遍认为其配股方案为不利因素，导致部分投资者恐慌性卖出，但使用市净率等估值工具分析后，我们会发现华泰证券已经处于较低的估值水平，潜在下跌空间有限，此时的利空反而可能成为市场洗盘、清理不坚定筹码的机会，让有准备的投资者能在低价位买入，最终受益于随后的股价回升。

我们说逆向思维是一种框架思维，它会影响到投资者方方面面的决策。比如，当你拥有逆向思维的时候，你才能够了解华泰证券的估值，并且合理运用估值；否则的话，你可能就简单认为配股方案是一个利空信号，进一步来说，即便知道它估值水平很低，也不敢买，买了也拿不住。

从技术分析的角度，逆向思维有什么用，以及怎么用呢？

本书后面的内容在涉及技术分析时，会提到一种较为常见的技术形态，即在下跌过程中如果出现放量，那么可能是一个底部的信号。

举例来说，贵州茅台（股票代码：600519）在 2022 年 10 月底的时候就放出巨量，单日成交额达到 200 亿元。这么大的成交量说明什么？说明很多人在卖。很多散户看到别人都在卖，会怎么想？很有可能是：既然别人都在抛，我千万不要进去接盘；或者我也先卖掉再说，后面再从低位买回来。

具备逆向思维的投资者，则有可能想到巨量的成交意味着很多人开始割肉了，也说明股票的抛压得到了快速释放，之后市场中的抛压会大幅减轻，股票重新涨起来也就很容易了，此时投资者应该找个机会买入。这就是逆向思维在技术分析中的作用。

但是投资者如果不具备逆向思维，即便懂技术分析，也可能不敢真正地去实践。

我们再来看一个案例，长安汽车（股票代码：000625）在 2023 年 11 月 25 日（周六）发布公告，要与华为进行合作。在这样的重大利好刺激之下，长安汽车的股价在 27 日收获了一字涨停板，且第二天继续涨停，并伴随着巨大的换手金额——经统计其在高位时的几天时间内换手金额达到了近 500 亿元，差不多占了有效流通股本的 30%～50%，也就是说流通股本的 30%～50%在几天内都被交易了。

对很多投资者来说，看到这样的一个重磅利好，肯定认为市场短期内会有一轮上涨势头，有机会快进快出挣一笔快钱，基于从众心理买入。但这很有可能是"螳螂捕蝉，黄雀在后"，想挣快钱，结果追在一个最高位，如图 1-4 所示。

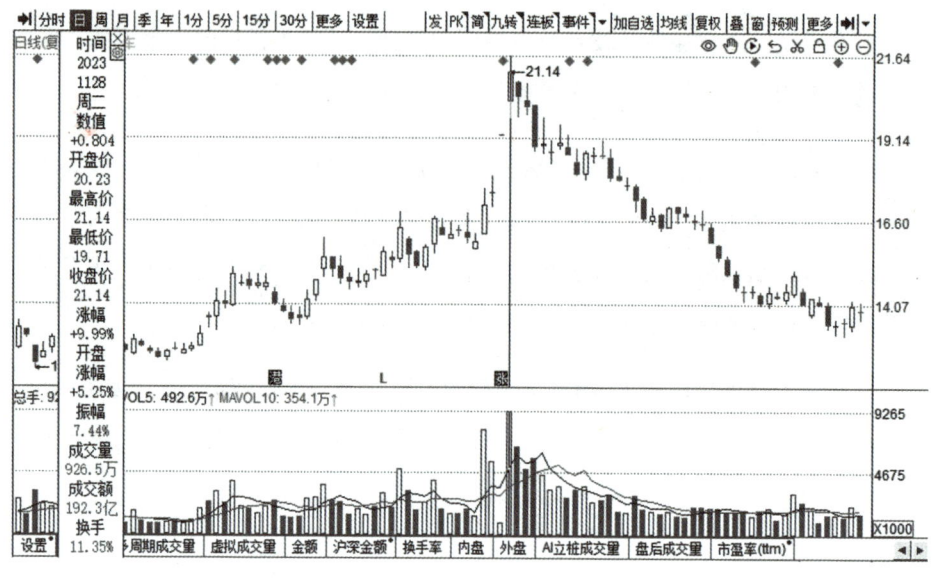

图 1-4

拥有逆向思维的投资者可能会这样思考：在如此巨量的换手成交量中，有多少是真正看好该公司、基于长期价值去投资的，有多少是为了想短期挣快钱而介入的？很明显，这近 500 亿元的追高资金绝大部分是短期投机资金，而短期内大量投机资金涌入往往预示着股价可能已接近顶部。也就是说，具备逆向思维的投资者会根据成交量等技术分析指标判断市场行情趋势，从而避免了高位接盘的风险。

逆向思维在市场情绪判断上同样关键。在本书后续章节中，我们会重点讲解对市场情绪高点和低点的判断方法，并具体介绍如何利用市场情绪进行投资操作。

举例来说，深证成指在 2022 年遭遇了持续下挫，市场情绪低迷，在此期间热门强势股 ST 墨龙（股票代码：002490）经历了一轮大幅炒作，股价攀升至 5.98 元/股，之后大幅下探，并在 2022 年 10 月跌到了最低点，如图 1-5 所示。对于这样的行情，一般人可能会觉得，连热门股都这样大幅下跌，这个市场的人气可能已经彻底涣散了，没有机会了，此时应该远离市场、暂停股票投资了，等到行情好起来了再介入——这也是很多投资者的固有思维。但假如我们具备逆向思维，可以多想一层，即连最热门的题材股都跌了，说明该卖的都卖掉了，预示着底部即将形成。此时我们要做什么呢？要开始看涨、开始做多，也要敢于去抄底。

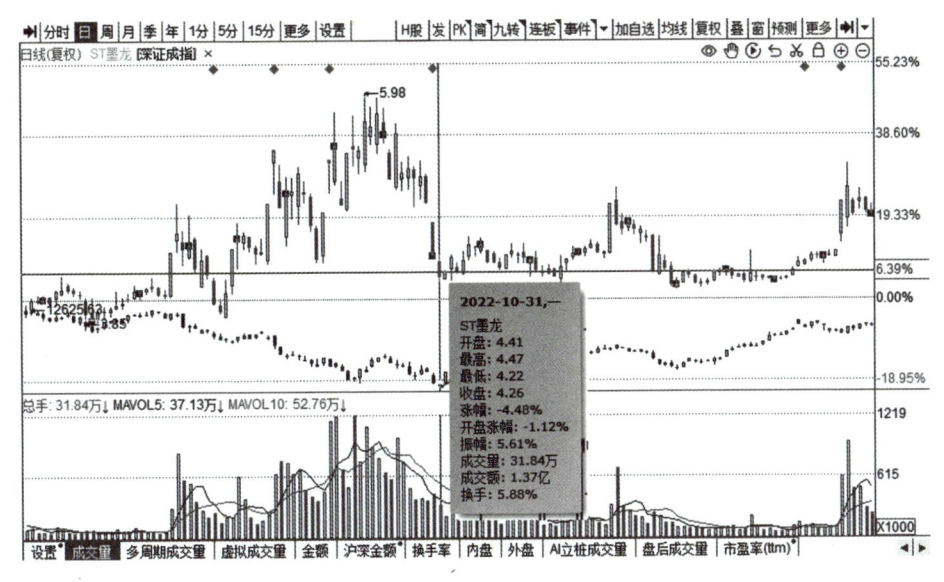

图 1-5

所以说，我们在判断市场情绪时，也需要逆向思维，它能够帮助我们看清和把握底部和顶部，不具备逆向思维，则往往容易错过大底，并且抵制不了诱惑去追高。

比如最便宜的价格往往出现在利空程度最高的时候，也是绝大多数人最害怕的时候，那么此时投资者应当"人弃我取"。

而当股价涨到了高位，市场中往往又会出现很多利好。但是，当利好真的出来了，往往有很多短线资金去追涨，此时正是大多数人特别焦虑、特别贪婪地想要跟随买入的时候，投资者反而要克制住自己的追高冲动，最起码不要盲目去加仓，甚至考虑在高处卖掉股票，让收益落袋为安。一如史蒂文·西尔斯在《不屈不挠的投资者》一书所总结的，"逆向思维主义就像潜水艇的声呐一样，有助于你克服恐惧，提醒你不要贪婪"。

前面说了，大多数投资者亏损的三大原因是入场时机的误判、选股能力的欠缺，以及买卖点的掌握不当，其实根源还是在于，普通投资者缺乏系统的逆向思维，不够耐心、冷静、理性，因此难以掌握和理解我们在后面提到的估值分析方法、市场情绪判断方法、资金选股方法等,进而难以形成、构建起适合自身的投资交易系统。所以,虽然逆向思维的养成并非一蹴而就,其培养过程需要很长一段时间,但掌握逆向思维太重要了,它意味着我们在股市波动中拥有了一种独特的视角,能够洞察市场的真实状态,从而在实战操作中更加游刃有余,因此在股票投资实践中,投资者应当有意识地逐步培养这种思维模式。

探讨　知易行难的逆向思维

当你问在股市中是多数人赚钱还是少数人赚钱的时候，绝大多数投资者都会毫不犹豫地回答你："只有少数人才能赚钱。"这个事实其实也告诉我们逆向思维在股市中的重要性。但这个在大多数人看来都不难懂的道理，为什么做起来却非常难？正所谓"不识庐山真面目，只缘身在此山中"，当我们身处一个群体中的时候，会不自觉地陷入从众思维，而且会认为这样才是理所当然并且唯一正确的，对于比较独立的观点会本能地排斥。这种思维在为人处世方面可能比较适用，但是在股票投资中却是致命的。

为什么在股票投资中拥有逆向思维才更有可能赚钱？试想一下，当一轮主线行情启动的时候，还没有赶上行情的投资者必然会根据整个主线的相关信息来判断是否进场，但大多数普通投资者能够看到或者了解到的，都是一些公开的消息或者政策面信息，当市场中出现了所谓利好的时候，他们就自然而然地认为对某某股票或者板块是重大利好，该股票或该板块后面的行情看涨，因而选择买入该股票或该板块的题材股，但是很多投资者却忽略了很重要的一点，那就是这些所谓利好一旦被公布出来，难道就自己能看到吗？

事实上，当所谓利好公开出现的时候，普通投资者往往是最后一批看到的人，这也就意味着普通投资者看到利好并买入的资金，极有可能是最后一波进入的资金，其结果也就不言而喻了。

所以，作为普通投资者，当我们看到一个利好的时候，一定要想想这个消息是不是别人也能看到，如果大多数人都能看到的话，那么显然它是没有多大价值的——既然大家都知道，那么该买入的也就买入了，股价该涨的也基本涨到位了，此时该股的上涨动力可能已经达到极限，因此要避免买入，以免高位接盘。

这里举个例子，如图1-6所示，在2024年这一整年当中，金价屡创新高，进入10月份后更是突破2700美元/盎司（1盎司约为28.3克），直逼2800美元/盎司关口。

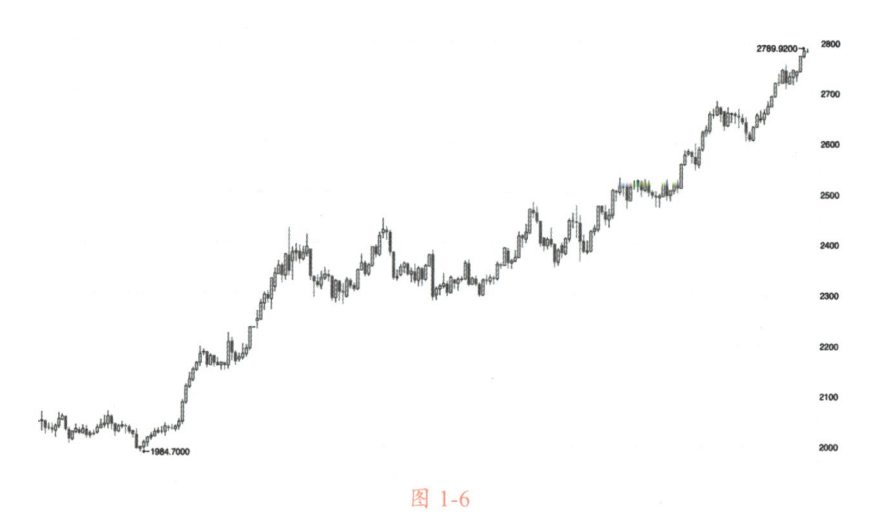

图 1-6

很多投资者看到金价持续上涨，就想到了黄金股的投资可行性，而且看到相关公司例如赤峰黄金、山东黄金等三季报确实非常不错，就买入了黄金股。事实上，确实有很多投资者在9月底就买入了山东黄金等股票，但是出人意料的是，这些股票并没有跟随金价创新高而大涨，反倒出现了一轮回落行情，这也让买入的投资者深陷迷茫。

怎么去解释这种现象呢？答案很简单——你以为只有你看到金价在涨吗？显然答案是否定的，并且你得想想，在金价2700美元/盎司时买入黄金股的那些投资者，是否有可能是最后一批看好金价上涨而买入的人。为什么这些人2300美元/盎司的时候不买，2500美元/盎司的时候不买，而等到2700美元/盎司的时候再考虑买入呢？当时美国已经启动了降息周期，首次是降息50个基点，而且美国的经济比较强劲，暂时看不到大幅衰退的风险，所以如果后续降息的幅度和频率不及预期的话，那么金价是否还会有进一步上冲的动能？其实这些问题是在2700美元/盎司时才考虑买入黄金股的投资者不会考虑的，他们更多还是相信自己看到的黄金价格不断创新高这个所谓的利好，并作为买入黄金股的依据，殊不知金价创新高是一件人所共知的事情，自己在这方面根本就没有任何信息优势。我们暂且不谈这些高价买入山东黄金股票的人能不能解套，起码在大家都知道一件事情的时候，这里面的机会是不大的。

这样的例子数不胜数，同样地，如果我们看到利空，也需要多用逆向思维去思考。

通常来说，大多数人看到利空的时候第一反应就是赶紧"跑"，否则股价如果继续跌下去的话会亏损更多，那么究竟该怎么应对利空呢？还是同样的道理，就是我们得想一下这个利空别人是否也能看到。我们都知道很多股票连续大跌绝对不是一个简单的利空所导致的，一定是经年累月的行业或者公司基本面变化所导致的。

我们可以再举个例子，牧原股份（股票代码：002714）是生猪养殖行业的龙头，其股价从2021年的91.54元/股回落，一直跌到2023年10月份的31.17元/股才开始反弹，如图1-7所示。

很多投资者都"倒"在了反弹之前，可能在40多元/股的时候就卖掉了。之所以很多投资者会选择卖出，其主要原因在于他们看到生猪价格"跌跌不休"这个所谓的重大利空。当牧原股份的股价下探至31.17元/股的时候，生猪期货指数的价格已经跌到了约15元/千克，这也就意味着养殖类公司很可能陷入了微利甚至亏损的境地。看到这种利空，大多数人自然是非常悲观的。但大部分投资者却没有考虑过，既然生猪价格都跌到了这个位置，那么是不是看到生猪价格下跌就卖出相关股票的投资者多数已经卖出了呢？如果多数都卖出了的话，后市的股价自然也就跌不了多少了。所以只是根据这个所谓的利空而轻易卖出的话，就太不应该了。事实上，我们如果对生猪养殖行业进行仔细分析就会发现，2023年的平均养殖成本是14.5～17元/千克，如果猪肉价格跌至该区间，就会加速行业产能的出清，对于后续生猪价格的反弹更加有利，所以，生猪价格走势的利空，反而促成了相关股票的价格反弹。

图 1-7

逆向思维的根本，其实是投资者对信息差的认识问题，大多数人认为自己获得的信息是第一手资料，而事实并非如此，导致自己的决策与形势的变化出现了严重的错位。因此要想形成逆向思维，就需要仔细分析自己掌握的信息是否已经被市场充分认知，如果信息已经被充分认知，并且在股价上反映得非常彻底，就应该及时扭转思维，进行逆向操作。

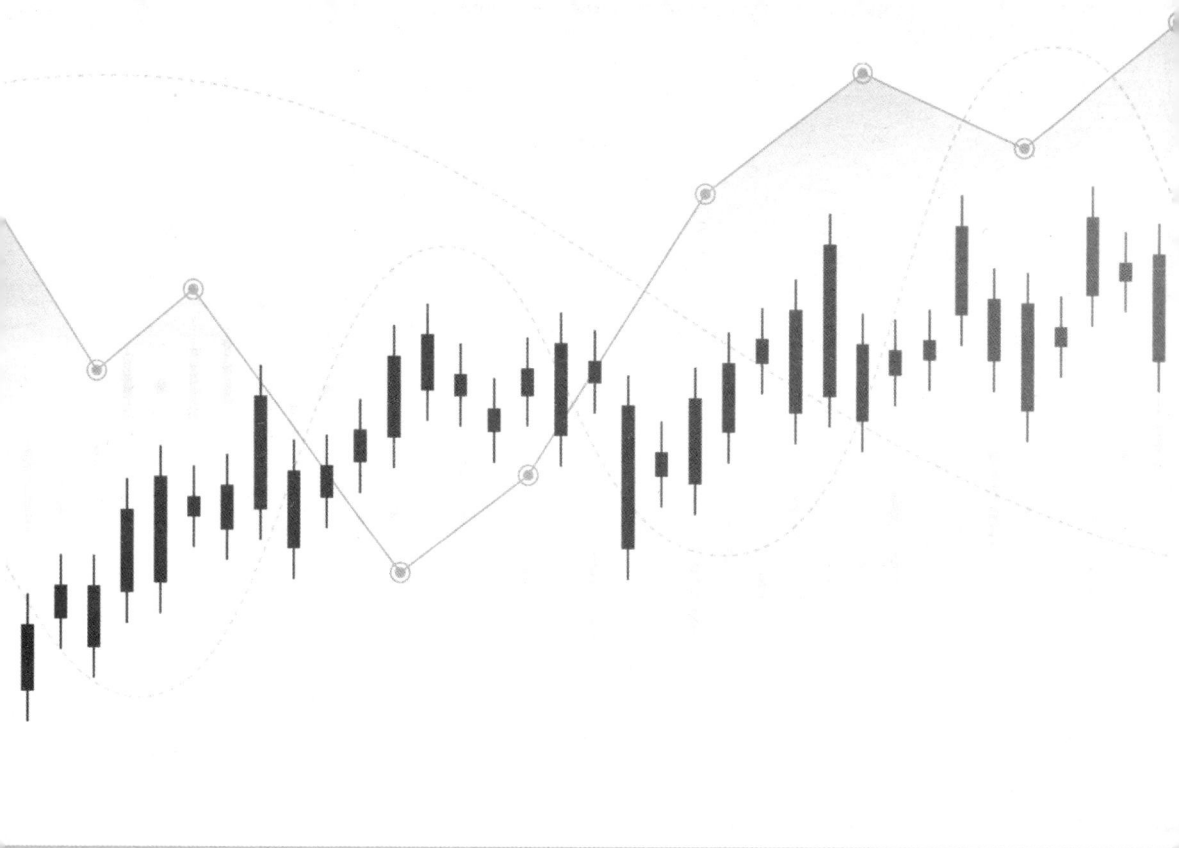

第二章
投资应与经济周期同频

在这一章中，我们来聊聊投资中与经济周期相关的知识。

可能很多人一听到经济周期这个词，会觉得这个概念高深莫测，可如果我们真正地去理解它的形成规律，就会发现经济周期实际上非常简单，而且它对我们的投资过程甚至实际生活，都有着重要的影响。下面，我们来具体介绍一下那些对股票市场，以及各行业板块和个股的表现有显著影响的经济周期。

第一节　找准人生中最佳的发财机会：康波周期

在金融圈，有一种说法叫"人生发财靠康波"，这是当代宏观经济分析学家、周期研究大师周金涛先生的一句名言。那么，所谓的康波周期（Kondratiev Wave）到底是什么？它为什么会有这么大的魔力？它的形成逻辑又是什么？

在回答这几个问题之前，让我们先来思考下面几点——

第一点，关于宏观经济。如图 2-1 所示，2008 年之后，为什么我们的 GDP 增长率曲线会一直向下？站在 2024 年的节点上，我们可以看到当下的经济增长速度跟 10 年前甚至 20 年前相比不可同日而语，这背后的原因是什么？什么时候经济增速能够重新回到一个较高的水平？

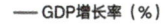

图 2-1

第二点，关于房价。在 2021 年左右，全国的房价开始从高位回落，想一下，这一次房价回落背后的根本原因是什么呢？有人可能说是因为受政策调控的影响，是不是真的如此呢？什么时候房价能够迎来实质性的反弹甚至反转呢？

第三点，关于股市。通过上证指数的月 K 线，我们可以看到在 2005—2006 年和 2014 年，A 股市场都迎来了超级大牛市。为什么在这两个时间点会迎来大牛市呢？下一个可能会迎来大牛市的时间点会是什么时候？大牛市的出现有没有什么规律呢？

第四点，关于商品期货。图 2-2 是铜的期货走势（沪铜指数），铜的价格在 2009 年和 2020 年迎来暴涨行情，这些有色金属期货下一轮大涨会在什么时候启动呢？它的涨跌规律是什么？

图 2-2

第五点，关于黄金。通过图 2-3 所示的沪金指数走势图我们可以看到，2022 年之后黄金的价格在持续攀升，那么是什么力量在推动黄金价格上涨？它的上行周期何时会结束？

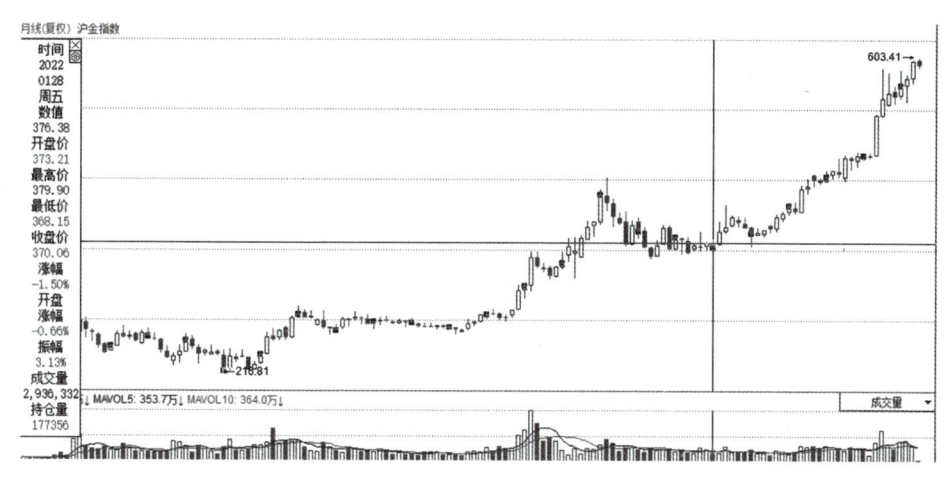

图 2-3

最后我们来看看一些科技股的走势，比如"AI四小龙"之一的寒武纪（股票代码：688256），截至2024年初，该公司还是暂未实现盈利，处于亏损状态，且亏损的幅度并不小。但是我们可以看到，2023年这只股票开始暴涨，如图2-4所示，这代表什么样的信号呢？

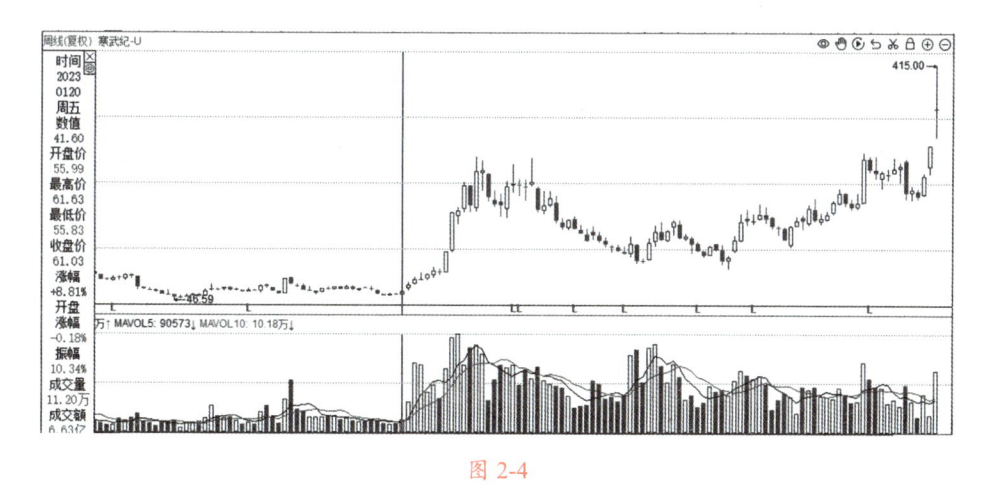

图 2-4

上面讲的几种现象其实都能用经济周期理论来解释，因为股票、大宗商品和房地产等资产的价格波动，其实都是经济周期变化的缩影。

对于投资者来说，如果能够深刻了解经济周期，掌握经济周期的规律，就意味着能更精准地捕捉股票、大宗商品和房地产等市场的重大机遇，也可以提高规避潜在风险的能力，确保在经济波动的浪潮中稳健前行。

经济周期之所以呈现出周期性的波动特征，其核心在于供求关系的动态失衡，而这一失衡现象的深层根源，则深深植根于人性中的两大基本面——贪婪与恐惧。这两种情绪如同双刃剑，既驱动着市场经济的车轮滚滚向前，也时不时地使其偏离轨道。

具体而言，人性中的贪婪倾向常体现于市场价格上涨的阶段。面对价格上涨的诱惑，供应商倾向于扩大生产，以期获得更高利润。然而，过度供给最终导致市场饱和，供大于求的状况使得价格反转下跌，产品滞销，进而导致整体经济活动放缓。此时，恐惧的情绪开始蔓延，生产者因担心持续生产只会加剧亏损而纷纷削减产量。这一减产行为随时间推移，逐渐导致供不应求的局面，商品价格因此得以回升，经济活动再次回暖。如此循环往复，构成了经济周期的基本图景。

从实际案例观察，无论是经典的"猪周期"，还是农产品、有色金属、石油市场，乃至整个股市的波动，无不鲜明地展示了供求错配如何触发周期性波动。这些行业或市场在供需矛盾的推动下，如同潮起潮落，展现出经济周期的普遍性和影响力。

接下来，让我们回到最开始的问题：什么是康波周期？

康波周期，全称为康德拉季耶夫周期（Kondratiev Wave），是由苏联经济学家尼古拉·康德拉季耶夫提出的，它揭示了发达商品经济中存在着一个为期40～60年的周期性波动。

康波周期的核心在于其与技术创新和技术革命的紧密联系。这一理论指出，每一个长周期的开始往往伴随着重大的科技突破，这些新技术的引入和普及极大地提升了生产效率，创造了新的产业和市场需求，从而驱动经济进入一个快速扩张的阶段。例如，蒸汽机的广泛应用开启了工业化时代，电气化和汽车的普及则引领了后续的经济繁荣期。随着技术的成熟和市场的饱和，增长动力逐渐减弱，经济进入平台期,最终因缺乏新的增长点而陷入衰退,直到下一轮技术革命重启周期。

荷兰经济学家雅各布·范·杜因进一步细化了康波周期的划分,他将从一个经济繁荣期的起点到下一个繁荣期起点的时间跨度定义为一个完整的康波周期。这一周期包含了四个阶段:繁荣(经济高速增长)、衰退(产能过剩)、萧条(经济出现滞涨现象)、回升(经济出现复苏与增长),如图2-5所示。

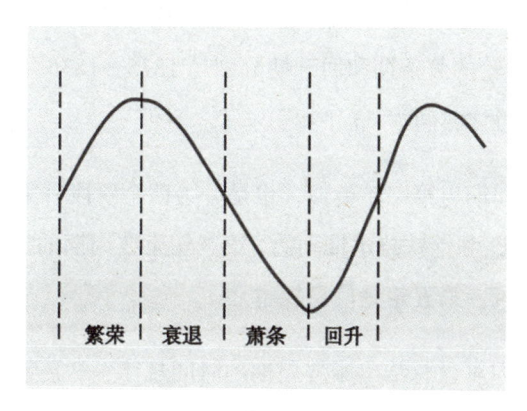

图 2-5

表2-1展示了最近200多年全球经济出现的数次康波周期——值得注意的是,它是按照当时的头号经济强国的情况来划分的,而且具体划分方案只是一家之言。

表 2-1

轮次	康波周期	技术创新	繁荣期	衰退期	萧条期	回升期
第一轮	63年	蒸汽机	1782—1802年,共20年	1815—1825年,共10年(1802—1815年为拿破仑战争时期)	1825—1836年,共11年	1836—1845年,共9年
第二轮	47年	铁路和钢铁	1845—1866年,共21年	1866—1873年,共7年	1873—1883年,共10年	1883—1892年,共9年
第三轮	56年	电气化	1892—1913年,共21年	1920—1929年,共9年(1913—1920年为一战时期)	1929—1937年,共8年	1937—1948年,共11年

续表

轮次	康波周期	技术创新	繁荣期	衰退期	萧条期	回升期
第四轮	40年	汽车和计算机	1948—1966年，共18年	1966—1973年，共7年	1973—1979年，共6年	1979—1988年，共9年
第五轮	预计52年	信息技术	1988—2008年，共20年	2008—2020年，共12年	预计2020—2030年	预计2030—2040年

第一轮康波周期，其推动力是蒸汽机，可以看到，其繁荣期是1782—1802年，总共20年。其衰退期则是1815—1825年，因为1802—1815年是战争时期，所以另当别论。这一轮的萧条期和回升期分别是1825—1836年和1836—1845年。这一轮康波周期的持续时间为63年。

后面几轮康波周期与第一轮类似，也是分为四个阶段。第二轮康波周期起始于1845年，是由铁路和钢铁技术推动的，第三轮康波周期的推动力是电气化，第四轮是汽车和计算机，第五轮是信息技术。

根据上表，我们可以总结出康波周期的时间规律——繁荣期的时间跨度大概是20年；衰退期的持续时间平均为10年左右，短的可能7年，长的可能十几年；萧条期的平均持续时间是10年左右；回升期的持续时间也是10年左右。

从当前全球经济的情况来看，我们正处于这一轮康波周期的萧条期。根据以往的萧条期的持续时间来大胆推测，本轮萧条期是从2020年一直持续到2030年，当然也有可能在2028年甚至2027年结束，而接下来的回升期可能是从2030年持续至2040年，在这10年间全球经济会缓慢复苏。这一预测基于对历史数据与周期模式的分析，意在为未来趋势提供一种可能性框架，而非绝对的预言。毕竟，经济发展的复杂性与不确定性要求我们对任何预测都保持审慎态度，同时意识到新兴技术、政策变动、全球事件等多重因素均可能对实际进程产生重大影响。

通过上面的分析，我们发现，经济运行是有规律可循的，而洞悉经济运行背后潜藏的规律性，对于指导我们进行投资决策和宏观经济分析至关重要。

当我们考察各类大宗商品与康波周期的关联时，不难发现，原油等商品的价格走势与经济周期高度相关。原油价格在这一轮康波周期的繁荣期（直至 2008 年）经历了显著的上涨，与全球尤其是中国经济的高速增长同步。此后的波动虽有反弹，但未及前期的水平。这表明，商品市场同样遵循康波周期的节奏。

那么，对于投资者来说，进入了萧条期，是否意味着已经没有投资机会了，只能等待经济再次复苏？当然不是！

进入康波周期的萧条期，并非意味着投资机会完全消失，而是需要转换视角，捕捉新的增长点。鉴于科技创新是康波周期的主要推动力，那么在萧条期去关注新兴科技领域就是明智的选择。比如在当下，诸如固态电池等新能源领域，或者最火热的人工智能领域，以及生物科技领域，由于其技术前沿性与潜在的颠覆力，可能会孕育出巨大的投资机遇。

历史是一面镜子，在第五轮康波周期中，我们见证了信息技术的崛起，并由此催生了诸多互联网巨头。如中概股中的网易（美股股票代码：NTES），在本轮康波周期中实现了股票市值的大幅上涨，如图 2-6 所示。

图 2-6

大名鼎鼎的微软（美股股票代码：MSFT）就更不用说了，在图 2-7 中我们可以看到其股价和市值一路攀升，完全享受到了信息技术以及当前 AI 技术所带来的红利。

图 2-7

此外，在康波周期的萧条阶段，全球经济增速普遍放缓，黄金作为避险资产通常表现出色。我们可以看到，2022 年后黄金的价格在不断攀升，这部分归因于地缘政治因素，但更深层次的原因在于萧条期的经济疲软，美元潜在的贬值压力以及全球范围内的宽松货币政策，它们共同推高了黄金价格。

我们可以回溯 1973—1979 年萧条期中黄金价格的走势，从图 2-8 中可以看到，自美元作为国际黄金的定价基准之后，美元实际利率成为影响黄金中长期价格的核心因素，可以视为持有黄金的机会成本，即美元实际利率下降时，黄金价格上涨，反之黄金价格则下降。因此，当美元实际利率在 1979 年左右跌入底部时，黄金价格实现了历史性暴涨，达到了 600 多美元/盎司（1 盎司约为 28.3 克）的历史高点。

图 2-8

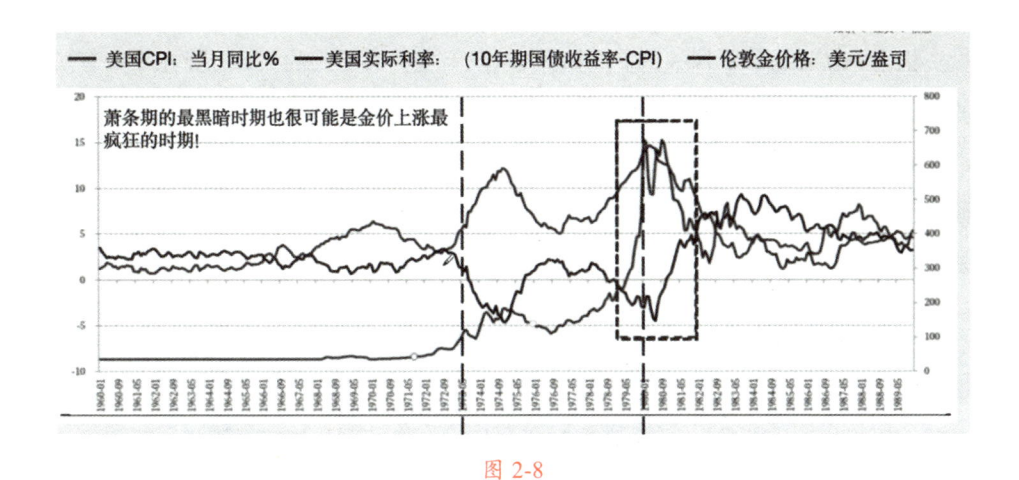

通常来说，萧条期的末期，往往是黄金价格涨势最疯狂的时期。因此，虽然从 2019 年开始，黄金价格已经持续上涨了一段时间，但考虑到本轮康波周期的萧条期可能持续至 2030 年左右，因此虽然不能说黄金资产价格马上就会迎来一个主升浪，但未来 5 到 6 年，黄金资产仍可能迎来更为猛烈的增值阶段，成为黯淡时期的投资亮点。

至于中国老百姓最关心的房地产，其作为大类资产在经济萧条期通常表现不佳。尤其是在 2020—2021 年高位买入的购房者，很多人到 2024 年可能已经亏掉了首付，可以说损失惨重。那么房地产市场的真正复苏会在什么时候呢？有人说可能是政策放松之后，但这一次可没那么简单，因为当前处在一个经济下行的萧条阶段，对房地产这种大类资产的需求尤其是投资需求持续低迷，市场存量增加，出现供过于求的现象，光靠一个政策上的放松刺激，可能很难让房地产行业真正回暖。

根据我们前面的判断，本轮康波周期的萧条期预计持续到 2030 年，在此之前投资房地产都很难有特别好的收益，除非是以特别低的价格买入。等萧条期结束、恢复期和繁荣期到来，才适合进行房地产投资。特别是在繁荣期，房地产投资可能会迎来又一轮高潮，按规律来看预计在 2040 年左右这一天会到来。

康波周期是一个长经济周期，跨度为 40~60 年。而一旦把握住了康波周期的投资机会，收益是非常惊人的。例如在 2000 年左右买了房的人，可能光靠一套房的升值就能实现财富自由，所以在过去十几年里，国内的很多富豪都是靠着房地产发家的。当然，在萧条期，房地产已经没有好的机会了。所以，投资要学会掌握经济规律，不要逆着周期来，一句话：遵循康波周期规律，避免逆周期操作，是投资成功的关键。

对于投资者来说，康波周期的价值，在于其揭示了科技创新的推动作用，并指导我们把握产业升级和资产配置的脉络。当前，尽管新的科技革命尚在孕育，全球面临着经济"内卷"、贸易摩擦和通胀压力，但通过分析康波周期，我们能更清晰地识别投资的有利时机和领域，如科技股、特定时期的黄金投资等，以实现趋利避害。

尽管康波周期覆盖时间较长，但它对中长期投资策略的制定具有不可替代的指导意义。结合更短期的经济周期（如朱格拉周期和基钦周期），将使投资策略更为灵活多样。对于有志于长远财富规划的人来说，深入了解康波周期无疑是必要的起点。接下来，我们将探讨较短的朱格拉周期，看看它如何在 10 年左右的时间尺度上，为预判经济趋势提供独特的视角，及其背后的形成逻辑和实际应用价值。

探讨　康波周期的神奇作用

在我们认识并运用经济周期规律时，切不可急功近利，否则任何经济周期规律都将毫无作用。如果我们能从长远的尺度去审视和运用这些规律，那么就会发现，这些规律能够让我们受用终生。

康波周期虽然时间很长，但是它对于我们把握长周期的机会是非常重要的，不了解康波周期，我们就无法有效把握住长周期下的投资机会，错失很多良机，甚至因为逆周期投资而深陷泥潭。

其实最典型的例子就是房地产行业。我们都知道房地产是国内老百姓主要的资产配置方向，很多人为了买房倾尽所有。如果买对了时机，比如在 2000 年买入了一套上海或者深圳的房子，那么 20 年后能大赚一笔。但是如果不小心在 2021 年左右买入了房子，甚至买入了所谓的热点地块房子，那么在随后的几年中可能会损失惨重，如果是以高杠杆方式投机炒房，则有可能亏得血本无归。

在我们配置大类资产的过程中，尤其要对经济周期特别是长经济周期运行规律有充分了解，因为大类资产涉及更多的资金，在进行大类资产配置时有种"成败在此一举"的味道。上文也说过，房子价格的上涨阶段是康波周期中的繁荣期，而低点则往往在萧条期产生，通晓这个规律之后，我们大概也就知道房地产投资的配置时机了，至于地段或者城市选择等其他因素，则应该放在配置时机之后进行考量。

不光是对于大类资产的配置，在长周期的相关板块大趋势的把握方面，掌握经济周期规律同样重要。比如说科技股在最近几年的大幅波动行情，其实就是康波周期萧条期的具体表现，黄金价格的连创新高也是如此。如果投资者对此没有充分认知的话，很可能会错失机会。

从康波周期来看，科技股上涨很可能持续性较强，甚至那些具备真正核心竞争力的公司的股票上涨会贯穿整个康波周期的萧条期。而对于黄金价格来说，从20世纪70年代的表现来看，越是接近康波周期萧条期，金价上涨的势头可能会越猛，投资者可以根据这些特点予以关注。

第二节　探寻股市中的大机会：朱格拉周期

朱格拉周期（Juglar Cycle）是由法国经济学家朱格拉提出的一种经济周期理论，其核心在于揭示了大约每9~10年经济中会出现的固定资产投资波动，从而引发经济活动的周期性变化。前面我们提到过，康波周期由科技创新所驱动，而朱格拉周期则与企业设备的更新换代和产能调整紧密相关，即由于存在磨损折旧、技术替代等因素，机器设备往往存在一定的更新周期。当机器设备开始大量更新换代时，固定资产投资将大幅增加，推动经济进入繁荣期，而后随着设备的更新完成，固定资产投资回落，经济将进入衰退期。

在西方资本主义国家，一般用设备投资占GDP比例的变化作为朱格拉周期的基本识别变量和划分依据。而在中国，这一周期的划分可通过观察GDP增长率或固定资产投资占GDP比重的变化来体现，因此也常被称为产能周期。

由于该周期的时间跨度小于康波周期（40~60年），朱格拉周期通常被视为"中周期"，一个康波周期会覆盖4~6个朱格拉周期。

而朱格拉周期的标志性事件，就是重大经济危机。一般来说，一次重大经济危机的出现，通常代表一个朱格拉周期的结束，而危机之后的复苏，则代表了新一轮朱格拉周期的开始。

从中国近几十年的朱格拉周期演变中，我们可以清晰地观察到这一周期的特征和影响（见图2-9）。例如，从1982年至1989年，国家价格管制放松后经济快速增长，但随之而来的是产能过剩，1988年达到高峰后经济开始下滑，直至1990年触底反弹。

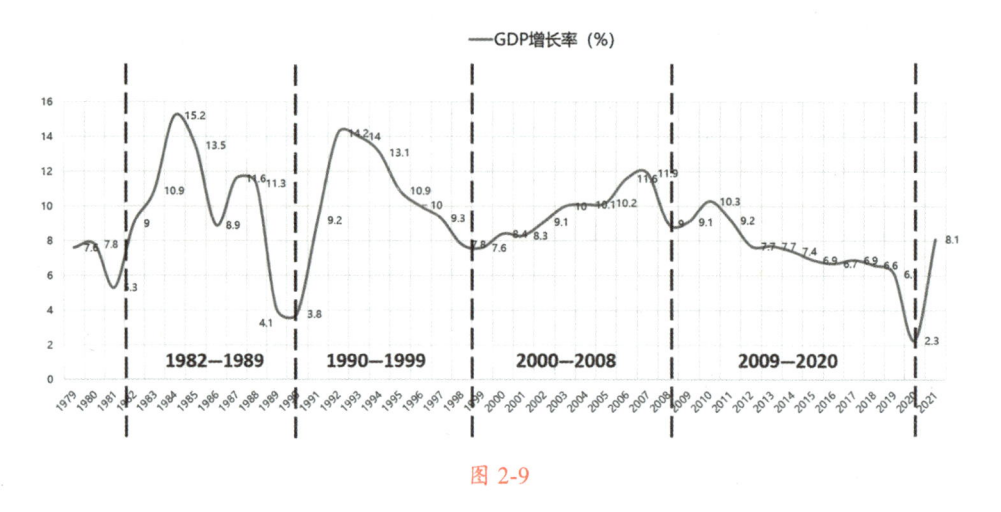

图 2-9

接下来的 1990 年至 1999 年，邓小平南方谈话激发了创业热情，经济快速发展，直至 1992 年出现过热，随后遭遇 1997 年亚洲金融危机，经济在 1998—1999 年经历大幅调整后再次复苏。

21 世纪初，中国加入 WTO，经济活力显著增强，但 2007 年后经济过热迹象显现，2008 年国际金融危机爆发，中国经济遭受打击，随后通过大规模经济刺激政策实现复苏。

2009 年至 2020 年期间，尽管中国有 4 万亿元经济刺激计划推动经济回升，但产能调整期较短，加上国际贸易争端和新冠疫情的影响，经济面临持续挑战，直至 2020 年触底，随后逐步回升。

可见，中国近 40 年的经济发展变化总体上是非常符合朱格拉周期规律的。

同时我们也可以看到西方国家的经济危机对中国的影响，这很大程度上源自中国作为出口大国的特性，全球经济一体化使得各国经济相互依存，西方经济的波动直接影响中国的对外贸易，进而波及整体经济表现。

那么朱格拉周期对于我们投资者来说有什么价值呢？

首先，通过朱格拉周期的规律，我们有可能找到一些重大的投资方向。例如，中国是按固定资产投资占 GDP 比重的变化来划分朱格拉周期的，而固定资产投资的变化能直接反映到工程机械领域。例如图 2-10 中的三一重工（股票代码：600031），其股价就与朱格拉周期的波动高度契合。2008 年国际金融危机的时候（箭头 1），三一重工的股价也出现了一个低点。金融危机后，国家加大固定资产投资，工程机械需求大幅提升，2011 年达到顶点（箭头 2）。2018 年发生了中美贸易战（箭头 3），贸易战叠加疫情导致经济持续走弱，国家加大固定资产投资，行业 2020 年再次迎来巅峰，三一重工的股价也达到了新的顶点（箭头 4）。

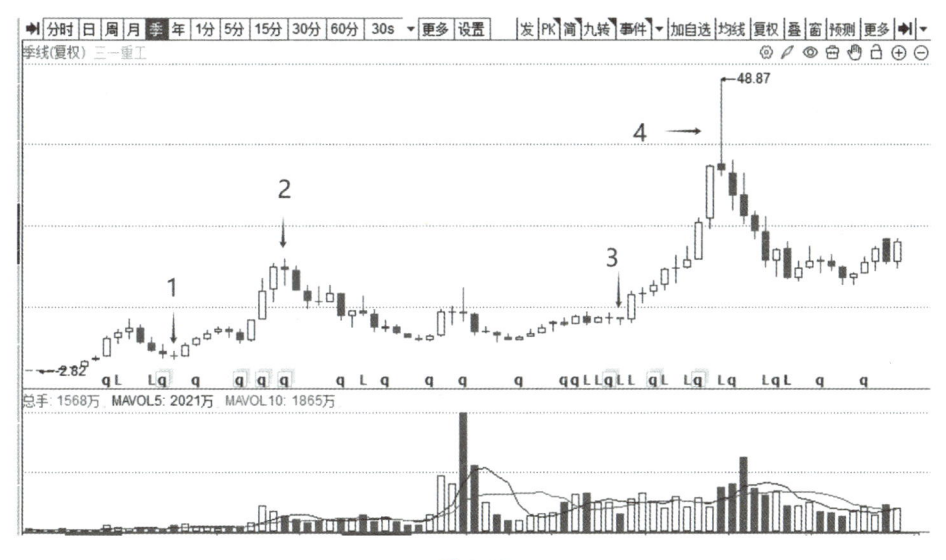

图 2-10

我们再来看看大宗商品中铜的价格走势，如图 2-11 所示。铜价在什么时候迎来了大的反弹呢？在每次经济危机之后，如 1998 年、2008 年和 2020 年这三次经济危机之后，铜价都迎来了历史级别的强劲反弹。不光铜如此，其他金属的价格走势也呈现出这样的特征。

图 2-11

朱格拉周期不仅指明了经济危机之后的投资良机，还预示了特定行业在经济周期不同阶段的潜在发展趋势。例如，在经济衰退后的复苏初期，全球范围内的货币宽松政策往往促使大宗商品价格上扬，为投资者在有色金属、贵金属及基础设施建设等相关板块提供了历史级别的投资窗口。紫金矿业等公司的股价走势便充分验证了这一点，其在 2020 年伴随铜价上涨而实现的显著增值，便是周期性投资机遇的明证。

进一步讲，朱格拉周期的周期性规律与股市大势之间存在着密切关联，其周期性的低谷与高峰往往对应着股市牛熊转换的关键节点。如 2005—2007 年、2014 年左右的股市繁荣，均可在朱格拉周期的理论框架中寻得其宏观背景。这种周期性特征为长期投资者提供了一个战略性的布局指南，助其在周期转换的节点把握住市场趋势，做出前瞻性的投资决策。

尽管朱格拉周期为投资者提供了宝贵的历史视角和周期性投资策略，但其应用也需结合全球经济环境和特定国家的微观经济状况。当前，全球政治经济格局的复杂性，特别是中美之间的竞争态势，为经济周期的解读和投资策略的制定增添了额外的不确定性。因此，在运用朱格拉周期进行投资策略规划时，必须综合考虑地缘政治、政策导向、市场情绪等多种因素，以实现投资决策的精准性和灵活性。

由于朱格拉周期与康波周期的叠加效应，未来几年可能存在更为剧烈的经济波动，这对下一轮危机后的投资布局提出了更高要求。在此背景下，深入理解和应用朱格拉周期，对于捕捉危机末期商品市场的抄底机会，以及在基础设施、自然资源和贵金属等领域寻找具有高增长潜力的投资目标，显得尤为重要。

同时，考虑到朱格拉周期转换的长期性，对于追求更短期市场波动的投资者来说，探索如基钦周期（库存周期）等周期更短的经济规律，将是对朱格拉周期分析的有效补充，有助于构建更为细腻和多元化的投资策略框架。

下一节，我们就来聊聊基钦周期。

探讨 朱格拉周期在周期股投资中的神奇作用

朱格拉周期是以一轮经济复苏和一轮重大经济危机为开启和结束标志的周期，而这也往往预示着周期性行业在此期间有重大机会和风险。原因在于，一旦出现重大经济危机，那么必然会触发政策刺激型机会，比如 2008 年国际金融危机爆发，此后包括美国在内的众多国家都开始"放水"，美国不光利率大幅下调，而且先后实行了三次量化宽松政策。而中国在当年也推出了 4 万亿元"放水"政策，由此也推动了商品价格，尤其是有色金属价格暴涨，而这类股票一旦大涨，其幅度一般来说不会很小，因为商品价格的大涨会推动相关公司业绩暴增，那么自然而然就吸引大量的资金买入。例如当年的包钢稀土（目前叫北方稀土，股票代码：600111）和广晟有色（股票代码：600259）这两家从事稀土开采的公司，当年股价都实现了数倍的涨幅，如图 2-12 所示。

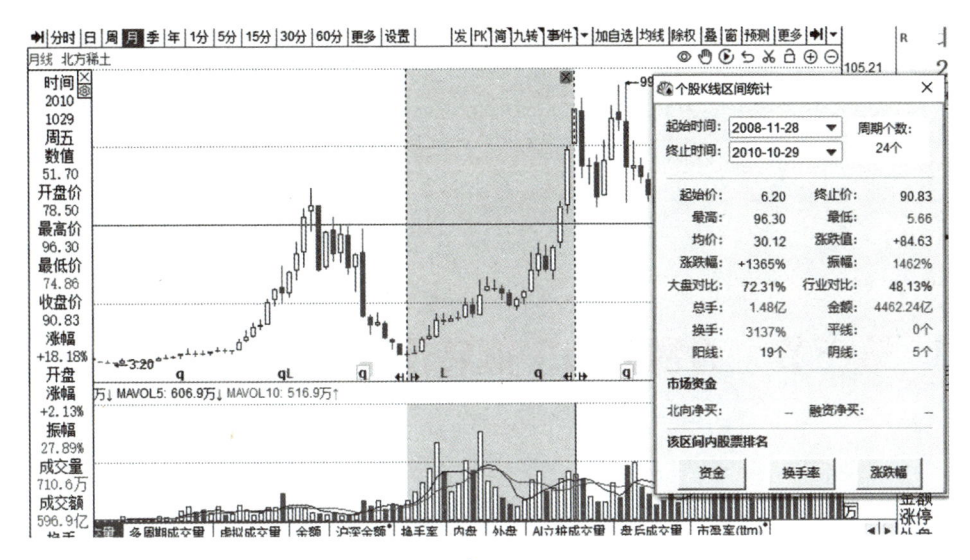

图 2-12

再比如，2020年全球大规模暴发的新冠疫情导致各个经济体出现了经济数据和经济增速的大幅下滑，如中国在2020年的GDP增速迅速降至全年2.3%的水平，甚至2020年第一季度还出现了6.8%的负增长。后面发生的事情大家也都看到了，碳酸锂以及黄金和铜等金属价格纷纷暴涨，相关股票如天齐锂业、紫金矿业、赤峰黄金等价格也都大幅反弹，投资者如果能够搞清楚朱格拉周期的具体逻辑，对于这类股票的行情还是比较容易把握住的。

第三节　看懂股市牛熊转换的逻辑：基钦周期

基钦周期（Kitchin Cycle）是较康波周期和朱格拉周期更短的经济波动周期，其对股市操作的指导意义尤为具体而实用。基钦周期的概念由经济学家约瑟夫·基钦于1923年首次提出，他发现，在资本主义经济体系中，大约以40个月为周期呈现出一种规律性的波动现象。值得注意的是，一个完整的朱格拉周期通常包含三个基钦周期，所以我们也将周基钦称为"短波周期"。

康波周期形成的主要驱动力是科技创新和技术革命，朱格拉周期形成的主要驱动力是固定资产投资和产能调整，而基钦周期形成的主要因素是企业库存的波动，因此基钦周期又被称为库存周期。

具体而言，根据库存波动情况，基钦周期可被细分为四个鲜明的阶段：被动去库存、主动补库存、被动补库存和主动去库存。这些阶段在众多券商研究报告中频繁提及，它们不仅是经济活动的风向标，也是企业决策的重要依据。

主动补库存，意味着经济开始步入繁荣期。企业察觉到市场需求的持续增强，为抓住利润增长的契机，积极扩大生产，补充库存以满足市场需求。在此阶段，库存与价格同步上扬，市场一片欣欣向荣，企业的扩张欲望强烈。

被动补库存，则是经济由盛转衰的转折点。市场需求增长放缓，但企业基于前期的乐观预期，未能及时调整生产节奏，导致库存累积过剩，价格开始显露疲软态势。在此阶段，企业逐渐意识到市场趋势的变化，但调整策略滞后。

主动去库存，出现在经济萧条期，企业面对销售疲软、库存积压的困境，不得不采取降价销售等手段，以减轻库存压力，减少潜在损失。在此阶段，库存下降伴随着价格走低，企业策略转向保守，旨在为经济复苏蓄势。

被动去库存，对应经济周期中的回升阶段，也叫复苏期。此时，市场需求悄无声息地回暖，企业库存逐步消化，而企业对此变化尚处于无意识状态。库存的减少并非企业主动降价促销的结果，而是市场自然需求回升的体现，预示着经济正在缓慢走出谷底。

产成品库存指数和工业品出厂价格指数（PPI）是基钦周期的两个主要参考指标，我们通过产成品库存指数累计同比与PPI当月同比的动态变化，可以清晰地划分基钦周期的各个阶段。每一轮周期的特征大体相似，首先就是库存上升，随后下降，再重复这一过程。PPI作为价格的先行指标，通常在库存变动前开始上行或下行，为市场趋势提供了预兆。

在主动去库存阶段（萧条期），产成品库存指数下降，PPI下行；在被动去库存阶段（复苏期），产成品库存指数下降，PPI上行；在主动补库存阶段（繁荣期），产成品库存指数上升，PPI上行；在被动补库存阶段（衰退期），产成品库存指数上升，PPI下行。

自2000年以来，中国经历了七轮基钦周期，如表2-2所示。

表2-2

基钦周期	主动补库存（繁荣期）	被动补库存（衰退期）	主动去库存（萧条期）	被动去库存（复苏期）
第一轮：2000.5—2002.10（共30个月）	2000.5—2000.10	2000.11—2001.6	2001.7—2002.2	2002.3—2002.10
第二轮：2002.11—2006.5（共43个月）	2002.11—2004.4	2004.5—2004.12	2005.1—2006.1	2006.2—2006.5
第三轮：2006.6—2009.8（共39个月）	2006.6—2008.5	2008.6—2008.8	2008.9—2009.2	2009.3—2009.8
第四轮：2009.9—2013.8（共48个月）	2009.9—2010.2	2010.3—2011.10	2011.11—2012.9	2012.10—2013.8

续表

基钦周期	主动补库存（繁荣期）	被动补库存（衰退期）	主动去库存（萧条期）	被动去库存（复苏期）
第五轮：2013.9—2016.6（共34个月）	2013.9—2013.12	2014.1—2014.8	2014.9—2015.12	2016.1—2016.6
第六轮：2016.7—2020.10（共52个月）	2016.7—2017.3	2017.4—2018.8	2018.9—2019.11	2019.12—2020.10
第七轮：2020.11—2025.5	2020.11—2021.10	2021.11—2022.4	2022.5—2023.6	2023.7—2025.5

其中最近一轮自2020年11月开始。

繁荣期：从2020年11月至2021年10月，此阶段市场活跃，需求旺盛，带动库存下降而价格上升。

衰退期：自2021年11月至2022年4月，市场需求减弱，库存开始积累，同时价格下跌。

萧条期：接续衰退期，自2022年5月至2023年6月，库存进一步增加，价格持续走低，经济活动减缓。

复苏期：自2023年7月开始，截至2025年5月（本书出版前），库存减少，标志着市场需求逐步恢复。

这样说大家可能感受不深，在图2-13中，我们在产成品库存指数累计同比曲线图中划分出各轮基钦周期，可以清晰地看到，每一轮基钦周期首先是产成品库存指数上行，然后再下行。

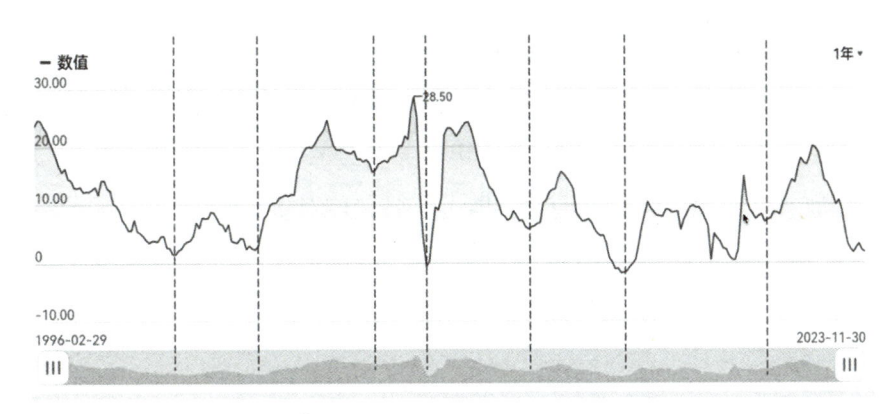

图 2-13

而在PPI当月同比曲线图中（见图2-14），我们可以看到，PPI指数的变化会比产成品库存指数提前一些，即库存还未变化，PPI先变化，这就是所谓的价格先行。道理很简单，只有价格先发生变化，库存才会跟着出现变化。

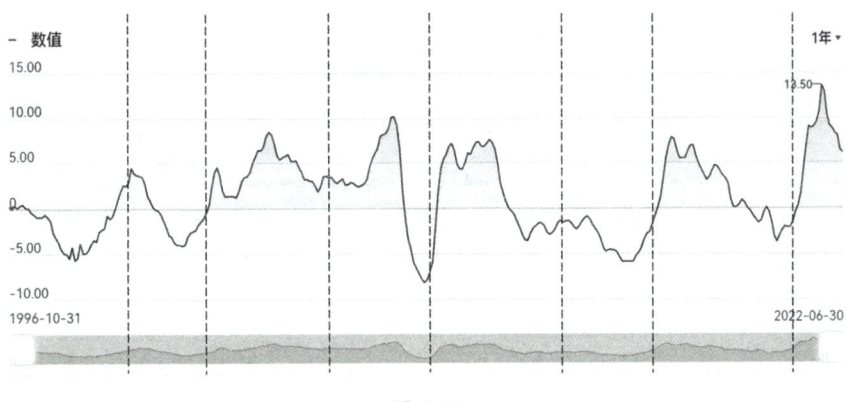

图 2-14

例如，2023年6月PPI出现了负增长，下行了约5%，这一数据反映了经济活动的疲软状态。负增长意味着商品价格普遍下跌，包括猪肉、房价、汽车等关键领域的商品价格下跌，这些都是经济不景气的直接体现。之后PPI开始上行，但截至2025年5月，它依然处于负值区间，显示尽管有所改善，经济复苏之路依然充满挑战。

那么我们的股市和基钦周期有什么关系吗？从历史上来看，两者有较为明显的对应关系，比如在被动去库存阶段，也就是复苏期，随着经济逐渐走出低谷，市场需求开始回暖，企业库存被自然消化，这一阶段往往对应股市的底部形成和开始反弹。历史数据显示，A股市场多次在经济复苏期前后形成重要底部，尽管有时市场底部的形成会早于或晚于复苏期几个月，但总体上呈现出良好的对应关系。

进入繁荣期，企业因预期市场需求将持续增长而主动增加库存，经济活动达到高峰，此时股市行情通常延续上升趋势，直至达到顶部。繁荣期内，即便市场偶有回调，后续往往还能见到较为可观的涨幅。当股市触顶后持续下跌回落，则通常是衰退期到来了。萧条期的话就不用多说了，股市行情会更差。

也许纯用文字表述这种对应关系大家难以理解，那我们可以将2006年至2023年的A股走势与刚才提到的基钦周期中的复苏期和繁荣期放在一张图中进行观察，如图2-15所示。

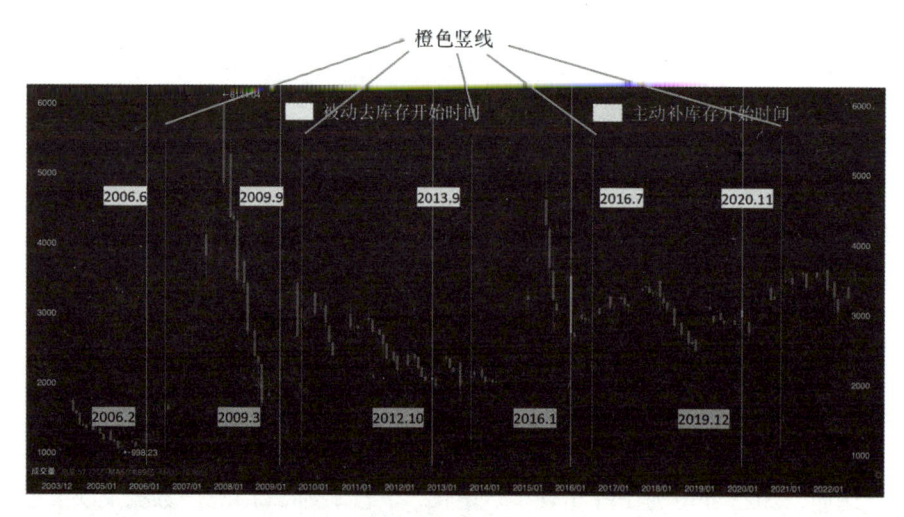

图 2-15

其中，白色竖线是复苏期也就是被动去库存阶段开始的时间，橙色竖线是繁荣期也就是主动补库存阶段开始的时间。

可以发现，市场的底部大多出现在复苏期。比如2016年1月，经济开始进入复苏期，市场也进入底部并开始反弹。

市场底部可能会出现在复苏期开始之前，比如 2006 年 2 月时，经济开始复苏了，但是实际上在此前三个月甚至更久，市场就已经跌到了 998 点的底部了。再比如 2009 年 3 月，新一轮的被动去库存开始，但早在四个月之前，市场就已经跌到了 1664 点。

市场的底部也有可能出现在复苏期开始之后。比如 2012 年 10 月被动去库存阶段开启，经济进入复苏期，但是市场的底部和反弹出现在两个月后。

有时候一些外部因素会打乱这种对应关系，例如 2019 年 12 月份，本来市场应该形成底部，但由于疫情的原因，这个节奏打乱了，不过后面还是涨了起来。所以总体来说，股市的底部和反弹与基钦周期的复苏期的对应关系是比较明显的。

再看繁荣期，几乎每一次繁荣期到来，股市都会持续上涨一轮，如 2006 年 6 月、2009 年 9 月、2013 年 9 月等，虽然有时候会回调一下，但总体而言涨幅是非常可观的。

然而，这一规律并非绝对无例外。以 2023 年 7 月为例，理论上当时应为经济复苏期的起点，PPI 虽触底反弹但仍位于负值区间，表明经济状况仅是从极度困难中略有改善，尚不足以支撑全面复苏。市场并未如预期那样形成底部，反而在随后的几个月里继续下跌，这与 2012 年 10 月至 2013 年 8 月间的情形相似，当时 PPI 同样从底部回升但保持为负值，股市虽有反弹，但力度和持续性有限。

主要原因在于，市场对经济复苏的预期并未转化为实质性的经济改善。PPI 虽然触底，但持续的负增长意味着经济仍处于困境之中，市场缺乏足够的动力推动股市上涨。股市作为经济的"晴雨表"，其表现反映了投资者对经济基本面的真实评估。如果经济复苏乏力，股市自然难以迅速反弹，即使指标显示复苏已经开始。

在深入理解了经济周期，尤其是朱格拉周期与基钦周期对股市影响的原理后，我们不难发现为何大牛市往往发生在朱格拉周期的中期而非周期的开端或末端。关键在于，朱格拉周期以金融危机为界，周期开始时，经济正处于危机的余波中，复苏缓慢，整体市场信心和经济活力尚未完全恢复。例如 2009 年的市场，虽然有反弹，但由于国际金融危机的后续影响，难以形成更大级别的牛市行情。

随着经济逐步走出危机阴影，进入朱格拉周期的中后期，特别是进入第二个基钦周期时，经济活动通常达到高峰期，市场需求旺盛，企业盈利提升，为股市提供了强劲的上涨动能。正是基于此逻辑，市场在2024年第三季度迎来了一个新的大牛市周期。当然，牛市的到来不仅证明了周期理论的准确性，也符合经济复苏进程和市场情绪变化的基本规律。

基钦周期作为朱格拉周期的有效补充，其对股市牛熊拐点的判断具有独特价值。相较于朱格拉周期的长周期性，基钦周期更侧重于短期波动，帮助投资者精确捕捉市场趋势的转换，无论是大牛市还是小牛市行情，都能通过分析基钦周期的变化找到投资契机。

探讨　基钦周期的实用性和局限性

从时间周期来看，基钦周期和股市的牛熊周期契合度是非常好的，例如上文谈到的，基钦周期的被动去库存阶段一旦开始，股市的大底往往也就形成了，而一旦到了主动补库存阶段，那么市场往往会延续一段时间的反弹行情。并且，基钦周期的时间较短，所以很多投资者就更加重视对基钦周期的研究。

我们认为，对于时间越短的周期理论，在实际运用过程中分析各个拐点的难度也越大，如果周期分界明显的话还好，如果不太明显甚至出现严重偏差的话，那么在运用的过程中就会非常吃力。

比如在2013年9月，基钦周期显示已经进入繁荣期，按理说接下来还会继续大幅上涨，但我们看到，不管是上证指数还是创业板指，随后都进入了长时间的震荡行情，上证指数更是小幅回调了一些，市场是在2014年国家再次实施货币"放水"政策之后才迎来了真正的大牛市行情的。

又比如进入了2023年7月份，虽然基钦周期显示已经进入复苏期，然而我们却看到市场并没有迎来大涨行情，反而继续大幅下跌。虽然我们之前已经说明过这是由经济并未真正复苏所导致，但是很多投资者在实际运用短经济周期理论进行投资判断的过程中还是产生了不小的困扰，甚至对于经济周期到底是否有用产生怀疑。对此，我们认为并不是经济周期无效，而是时间越短的经济周期越容易出现这类问题，所以在使用经济周期的过程中，更多地还是要遵循长周期理论，同时要时刻观察经济基本情况是否与相关经济周期理论的判断较为契合，否则使用效果会大打折扣。

在实际操作中，理解并应用这些周期理论，需要灵活变通，不能机械地依赖单一指标（如 PPI）的变动，而应结合经济复苏的实际状况来综合判断。当前环境下，虽然某些指标显示经济已经触底反弹，但整体经济复苏的实质性进展还需进一步观察，这意味着投资者在决策时应更加注重综合分析，既要看到周期理论的指导意义，也要活学活用，结合实时经济数据和政策导向进行判断。

至此，通过解析康波周期、朱格拉周期和基钦周期，我们认识到这些经济周期理论不仅对股市投资具有重要指导意义，对于房地产、大宗商品等多领域的投资决策同样具有实用性。希望投资者在学习之后，能够在投资实践中灵活运用这些理论知识，提升投资决策的精准度。

在本书接下来的章节中，我们将转入更具体的投资策略领域，首先就是估值判断方法的学习。估值是投资决策的核心之一，掌握科学合理的估值方法对于股票投资至关重要，它将帮助我们更准确地评估资产价值，识别投资机会与风险。

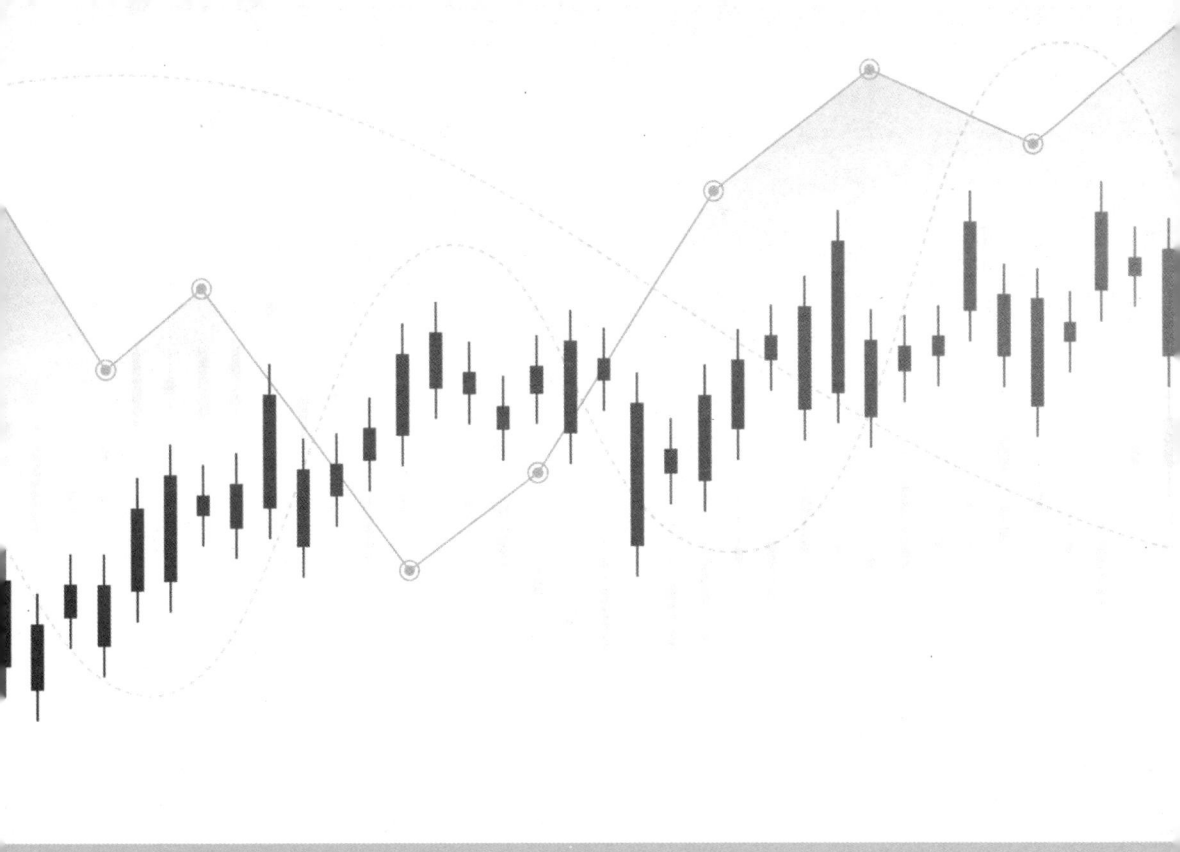

第三章
估值是长期投资的核心

在本书的最开始，我们就着重强调了估值在构建横跨牛熊的投资体系中的重要性。遗憾的是，许多投资者在股市实操中，往往会忽视对股票估值的判断，甚至错误地认为，在A股市场中股票估值是无关紧要的，这是一个亟待走出的认知误区。因此在这一章中，我们将致力于引导投资者初步搭建起估值的思维框架，学会估值的基本方法，同时帮助投资者深刻领悟估值判断的重要性和精髓所在。

第一节　估值在长期投资中的重要性

我们曾在前面提到过散户亏损的三大原因：入场时机的误判、选股能力的欠缺，以及买卖点的掌握不当。解决这些问题的关键，就在于对估值的分析和判断。例如，当市场估值处于历史低位时，往往是投资布局的黄金时刻；而识别出低估值股票，可以有效挖掘出潜力股；在估值高企之际适时离场，则可以保住胜利果实，规避风险。也就是说，通过估值分析，可以在很大程度上解决时机、选股和买卖点的问题。

举例来说，图 3-1 所示是 2022—2023 年上证指数的周 K 线走势，可以看到，在 2022 年的 5 月份和 10 月份，上涨指数两次触碰 3000 点后引发的反弹，这可能让不少投资者误以为历史将重演，从而在第三次接近该点位时盲目乐观。然而，仅凭指数表现判断市场，忽略了对个股估值的深入分析，是不够全面的。从后面的走势可以看到，上证指数在 2023 年 10 月份又触碰了 3000 点，如果投资者此时去"抄底"，那么在后面的大跌行情下，将会损失惨重。

图 3-1

我们怎么识别市场的风险和机会呢？不是看一个指数，而是要看个股的整体估值情况。举例来说，芯片板块中的 GPU 龙头公司景嘉微（股票代码：300474）在 2023 年 11 月底的时候，股价是 80 多元/股，而当时上证指数处在 3000 点左右。作为对比，此时英伟达（美股股票代码：NVDA）的股价在 480 美元/股左右，因此很多人说景嘉微的估值便宜了。那么真是如此吗？

事实上，我们通过对个股的估值进行整体分析，很容易得出答案。从公司的盈利情况和营收规模来说，景嘉微和英伟达不具备可比性。景嘉微在 2022 年的营业总收入仅有 11.54 亿元，2023 年则下降为 7.13 亿元；景嘉微的利润也非常低，2022 年的净利润为 2.89 亿元，2023 年的净利润更是下降到 5968.11 万元，甚至到了 2024 年第一季度出现了亏损的情况。英伟达是什么情况呢？英伟达在 2023 年实现总营收 609.22 亿美元，同比增长 125.85%；英伟达的净利润为 297.60 亿美元，同比增长 581.32%。但在 2023 年 11 月底，景嘉微的股价为 80 多元/股，市盈率达到了 480 多倍，很明显，这只股票并不便宜。所以即使在上证指数 3000 点的位置，很多股票也是不便宜的。

很多人会说："估值还不简单，我们只要看看市盈率就行了，市盈率太高的不能买，那市盈率很低的总可以买了吧？"那我们再举一个前面提到过的例子——天齐锂业（股票代码：002466）。2022 年由于碳酸锂价格大涨，使得天齐锂业公司盈利大增，达到了 241.25 亿元，股价也随之大涨，从 2022 年 4 月的 60 多元/股涨到了 7 月的 140 多元/股，后来逐步降下来了。到了 2023 年 4 月的时候，股价回到了 60 多元/股，此时其市盈率大概不到 15 倍。很多人认为其估值很低，是抄底的机会，结果是抄在了半山腰。

为什么同样是用市盈率估值，却会有这样的差异？原因在于弄错了估值的方法。成长股可以用市盈率来进行估值，但天齐锂业是周期股，需要用周期股的估值方法。

此外，对成长股的估值如果只是简单地去看市盈率的高低和过往业绩的增速，并以此判断其估值的合理性，而不考虑增长的持续性，那么很有可能掉进估值陷阱之中。比如派能科技（股票代码：688063），该股股价在 2022 年 8 月达到了 551.69 元/股，之后进入了下跌行情，到 2023 年 2 月份时跌至 260 元/股左右，如图 3-2 所示。此时该公司发布了 2022 年度业绩快报公告，公告显示，2022 年度公司营业总收入增长 191.85%，扣非净利润增长 319.29%，增速非常快。同时，该股的市盈率约为三四十倍，对于成长股来说也不是特别高，因此很多人就去"抄底"了。但从该股后面的走势来看，这次"抄底"的结果也不太妙，抄在了半山腰。

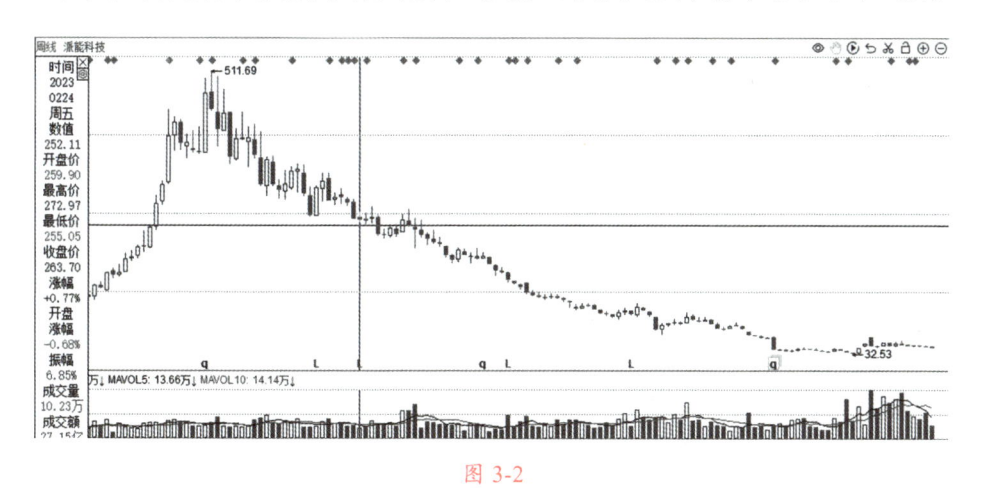

图 3-2

从上面的案例可以看出，学会正确的估值方法，对于投资者来说至关重要。

可以说，估值在投资策略中的核心地位，不仅体现在它是波段操作的基石，还在于它要求投资者运用逆向思维去对抗人性的本能冲动。在市场恐慌情绪蔓延、股价似乎过低时，正是估值告诉我们，这或许是入场的良机，尽管大众普遍犹豫不决。反之，当市场热情高涨、股价攀升至峰值时，估值则提醒我们警惕泡沫，应考虑适时退出。逆向思维与估值分析的结合，为我们提供了一套反向操作的方法，即在市场悲观时勇于买入，在市场乐观时果断卖出，而这正是投资中实现超额收益的不二法门。

而前面提到的投资过程中的三个核心问题——选时机、选股和买卖点判断，都与估值紧密相关。对时机的精准捕捉，有赖于我们对市场整体估值水平的判断，并结合宏观经济背景、市场情绪和其他经济指标，识别出系统性风险降低的节点。对股票的选择，则可以通过估值与其他分析工具的综合运用，辨析个股当前价格是否偏离其内在价值，寻找被市场低估的个股。而买卖点的判断，则是逆向思维与估值判断的直接应用，要勇于在估值洼地买入，在高估区域卖出。

很多投资者都执着于研究大盘指数，通过指数来判断估值的高低，但指数背后是个股的集合体，单一指数无法反映市场全貌。即便在同一指数点位，市场内部结构与个股估值状况也可能迥异。因此，分析具体情境下的经济前景，细致考察各行业龙头的估值水平，对于判断个股是否真正处于低估状态至关重要。

比如，前面提到过的华泰证券，为什么在那么大的利空面前，股价仍然能"扛得住"？原因在于其估值已低至足以缓冲负面信息的影响。再比如，为什么贵州茅台在2022年10月底放量下跌到1300元/股之后，股价能迅速反弹？对于普通投资者而言，面对1300元/股的价位难以直观判断价值高低，但通过深入的估值分析，就能够揭示其真实的性价比。

我们研究公司估值，不是简单地判断股票价格的高低，而是深入理解公司的内在价值，进而判断当下股票价格是否"物有所值"。无论是时机的精准判断、股票的精选还是买卖的决策，估值都是贯穿始终的主线，引导我们在复杂的市场环境中做出明智的选择。

说了那么多，关于估值的方法到底有哪些呢？主要分为两大类：绝对估值法和相对估值法。这两种方法各有特色，适用于不同类型的股票。

绝对估值法，就是直接计算出公司的内在价值，即公司理论上"应该"值多少钱。最有代表性的绝对估值法是自由现金流贴现模型，简称DCF，也是普遍认为最好用的估值方法，后面的章节中我们会重点介绍。

相对估值法，是指有些公司我们很难计算其价值，但是可以通过一些指标大致判断公司估值的高低。我们常通过比较同类公司或行业平均水平的某些财务指标，如市盈率、市净率、市销率等，来判断目标公司的估值水平是否合理。

下面我们会着重介绍具体的估值方法，不过在此之前，我们想先让大家了解不同估值方法所对应的股票类型，也就是给股票分分类。在本书中，我们针对估值方法的适用性，大致将股票分为三类，分别是成长股、周期股和蓝筹股。

这三类股票最主要的区别和特征是什么呢？或者说它们的定义是什么呢？我们主要是从利润的变化和增长模式上来区分的。

成长股顾名思义就是利润在很长时间内保持较快增长的股票。一般来说，成长股的净利润年增速要达到20%甚至更高，否则就不能算成长股。这类股票代表着强劲的增长潜力，常见于科技、医药、医疗、软件、芯片等行业。例如海光信息（股票代码：688041）和北方华创（股票代码：002371），前者专注国产CPU的研发和生产，后者是半导体设备制造商，两者都表现出显著的盈利增长。

周期股也很容易理解，即它的利润变化是周期性的，持有者有时候甚至是亏损的，但行情好的时候又能大赚一笔，利润的波动比较大。这类股票广泛分布于对经济波动敏感的行业，如黄金、有色金属、煤炭、石油、化工、造纸、汽车、航空、海运等。此外，原料药、证券和养殖业等股票也属于周期股范畴，其业绩与经济周期紧密相关。

蓝筹股则是指那些利润丰厚但增长缓慢甚至滞涨的个股。这类股票背后的公司往往具有较高的市场地位和品牌知名度，如银行、建筑、白酒、食品和白色家电等行业中的佼佼者。蓝筹股能为投资者提供相对稳定的回报和股息收入。

由此可见，成长股多聚集在创新和技术驱动的行业，如科技、医药和互联网等；周期股分布于和国内或国际经济波动相关性较强的行业，如资源、制造和运输等；而蓝筹股则多见于成熟稳定、品牌效应显著的行业，如金融、消费品和公用事业等。

值得注意的是，股票分类并非固定不变，随着时间推移和市场环境变化，某只股票的属性可能从成长型转为周期型，或从周期型转为蓝筹型。而且，有一句话叫"万物皆周期"，成长股和蓝筹股实际上也是有周期性的；而周期股在某些时段，也可能会有成长股的特性。比如，房地产行业就兼具周期和蓝筹特性，当前其属于哪一个分类，取决于政策调控和市场供需。因此，投资者在分析股票时，应考虑其当前的主要属性，同时关注行业动态和宏观经济趋势，以做出更加精准的投资决策。

再来介绍一下常用的估值指标。

前面我们提到了市盈率，即总市值与净利润的比率，也即股票价格与每股收益的比率，它直观反映了投资者愿意为每单位盈利支付的价格。或者通俗一点来说，市盈率就等于投资的回报年限。怎么理解呢？我们知道投资的回报率等于收益除以本金，比如投资了100万元本金，一年的收益是10万元，那么投资回报率为10%，如果想要将本金全部收回，就需要10年时间，这个时间就是投资的回报年限，市盈率就相当于收回本金的年限。例如，若一家公司市值100亿元，年度净利润为5亿元，其市盈率为20倍，意味着投资该公司的资金大约需要20年时间才能通过盈利收回。

市盈率因为计算方式的不同而分为静态市盈率、滚动市盈率和动态市盈率。所谓静态市盈率，是根据前一年全年净利润计算的市盈率，例如前一年上市公司的净利润为1亿元，当前公司的市值为20亿元，那么静态市盈率就是20倍。静态市盈率更适用于那些盈利模式稳定、净利润变化较小的公司，而对于利润波动频繁的公司，其参考价值就不太大。

滚动市盈率则是根据最近四个季度净利润总和计算的市盈率，至于这四个季度是不是在一个财年里，并不重要。不过滚动市盈率并不常用，大家仅需简单了解即可。

动态市盈率是最常用的市盈率指标，它是以推算的今年的净利润来计算的。动态市盈率着眼于最新的财务数据或对未来盈利的预测，因此更贴近公司当前的真实状况与市场预期。现在很多软件都会提供动态市盈率的计算结果，然而，大多数软件提供的动态市盈率，往往基于一种机械化且过于简化的逻辑计算，即假设公司每个季度的净利润都相等，或者上半年和下半年的净利润相等，而这在实践中往往失之偏颇。

特别是对于那些业务具有显著的季节性波动的公司来说，这个问题更大，如青岛啤酒（股票代码：600600），其第四季度利润往往因冬季啤酒消费减少而显著下降，甚至可能为负数。此时，单纯依靠前三季度数据推算全年业绩，显然无法准确反映公司的真实盈利状况，从而导致动态市盈率的计算结果缺乏参考价值。因此，准确的动态市盈率，往往需要投资者自行深入分析，而非仅仅依赖软件的自动化计算。

那么，投资者应如何进行动态市盈率的计算呢？

我们以白酒股中的泸州老窖（股票代码：000568）为例来演示一下。2024年12月20日收盘时，其股价为138.73元/股，我们就以这个股价去计算它的动态市盈率。而要计算动态市盈率，关键在于获取可靠的每股收益数据，这一数据往往来源于机构的盈利预测。我们打开同花顺软件，进入"F10—盈利预测"功能模块，可以看到诸多机构对于其业绩的预测，包括对于每股收益的预测，如图 3-3 所示。投资者可以选择预测范围内的最小值、最大值或均值作为计算基础。以均值为例，用股价除以预测的每股收益，即可得到动态市盈率为14.17倍。

图 3-3

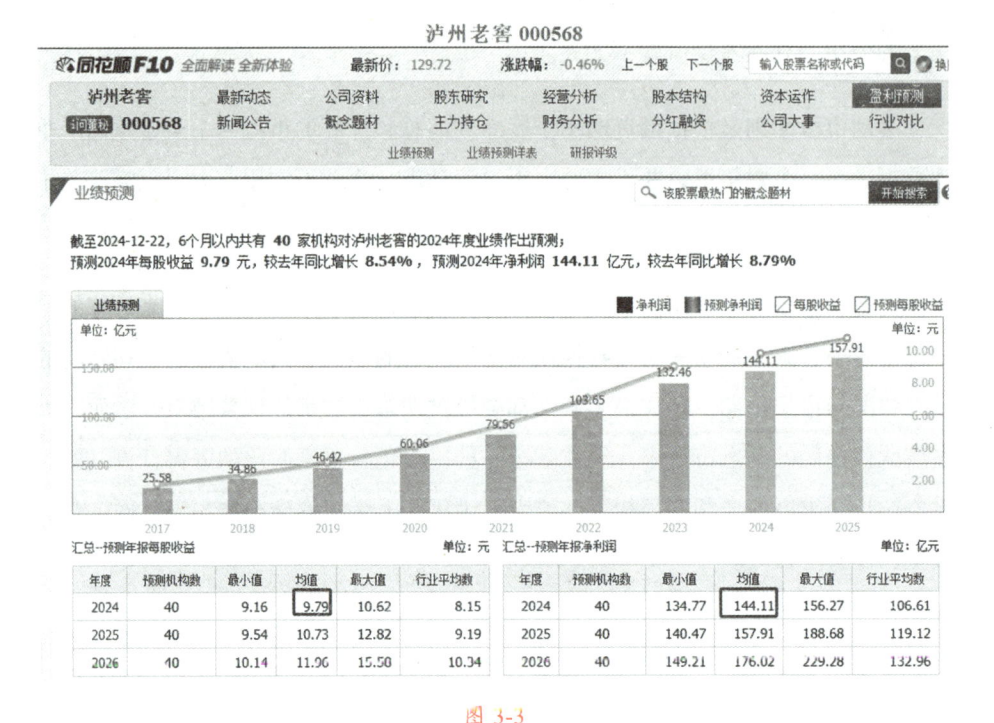

用同样的方法，我们可以计算出生物医药股康泰生物（股票代码：300601）的动态市盈率。如计算 2024 年 1 月 22 日的动态市盈率时，当天的收盘价为 22.67 元/股，每股收益的机构预测均值为 9.3 元，可以计算得出当日的动态市盈率为 24.4 倍。

显然，动态市盈率指标可以较为精确地反映出当前市场条件下投资者对公司盈利潜力的认知和市场估值水平。

除了市盈率之外，市净率也是一个非常关键的估值指标，尤其在后面我们会提到的周期股估值方法中非常重要。所谓市净率，即股价除以每股净资产得到的值，它直观反映了股票价格与公司资产净值之间的关系。什么是每股净资产呢？每股净资产即公司总资产减去总负债后，剩余净资产按总股本均分至每一股得到的资产，它直接反映了公司资产的实际价值。

市净率的高低，体现了投资者对股票价格相对于公司资产价值的评价。以青岛啤酒为例，通过同花顺 F10 查阅其财务分析情况，我们可以轻松获取其每股净资产的数据，这一信息通常在公司的财务摘要或资产负债表中清晰列示，图 3-4 所示为青岛啤酒的每股净资产数据。2024 年第三季度其每股净资产为 21.84 元，而股票的最新市价为 78.19 元/股，那么市净率则为 3.58 倍。这意味着，投资者每花费 78.19 元购买一股青岛啤酒的股票，实际上获得了 21.84 元的净资产，相当于支付了 3.58 倍的溢价。

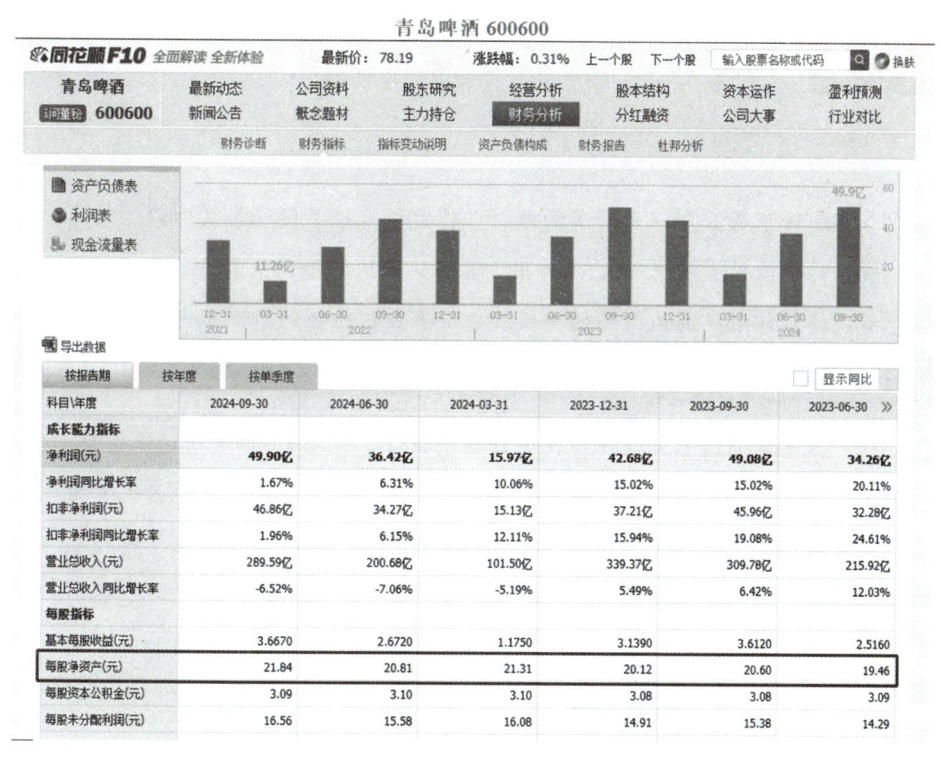

图 3-4

市盈率和市净率，是接下来我们讲估值分析方法时非常关键的两个指标，可以说它们共同构成了评估股票价值的坚实基础。市盈率关注的是公司的盈利能力，而市净率则侧重于公司的资产质量。接下来，我们就正式聊聊具体的估值方法，我们先从自由现金流贴现估值法说起。

探讨　价值投资对 A 股是否有效

A 股市场长期以来形成的题材炒作氛围让很多投资者认为以估值为核心的价值投资对 A 股毫无作用。其实从单纯的炒作来看，估值确实起不到什么作用，因为大量的垃圾股在没有任何价值的情况下也同样出现了炒作，以至于出现了上述的质疑。

但是我们切不可肤浅地认为估值无效。试想一下，如果估值没有用，那为什么垃圾股永远是从哪里来回哪里去，而很多优质股票虽然在熊市中大跌，但是长期趋势却是重心不断向上呢？比如贵州茅台，哪怕从 2021 年的最高价跌至 2024 年 9 月底几乎腰斩，也照样比 2019 年之前的价格高得多。我们还可以看到，一些所谓妖股，绝大多数都被打回了原形，比如 2015 年股灾之后遭到爆炒的梅雁吉祥（股票代码：600868。其股价一个月内从 3 元/股涨到 10.77 元/股，之后长期在 4 元/股以下徘徊），2022 年爆炒过的天保基建（股票代码：000965。其股价一个月内从 2.88 元/股涨至 11.42 元/股，之后长期在 5 元/股之下）等都是如此，后面的妖股也难以摆脱这种宿命。

为什么有些股票的长期重心是向上的，而有些股票却总是暴涨暴跌呢？这背后的根本区别就在于前者是具备投资价值的，而后者是不具备投资价值的，这也证明价值投资本身一定是有用的。至于为何很多投资者哪怕是买龙头股依然被深套，并不能归咎于价值投资无效，而在于投资者往往买在一个没有价值投资的位置而已，因此本来很有价值的股票，一旦涨得过高也就没有价值了。

当然，很多短线投资者仍然会非常热衷于短线题材炒作，我们并不否定其他炒股方法的有效性，只不过相比较来看，以估值为核心的价值投资在投资过程中最明显的优势，就在于能够让我们的操作更加有把握。因为通过估值计算，我们能够了解公司的安全边际高不高，甚至对于股价未来的上涨空间也能有一定的认知，这样一来我们才能更加自信地进行股票投资，这一点对于资金体量较大的投资者尤为重要。而短线题材炒作则很难给投资者这种安全感，所以我们会看到，资金体量较大的投资者更倾向于中长期价值投资，而资金体量较小的可能会更加青睐短线投资。

第二节　蓝筹股的估值法宝：DCF 估值法

自由现金流贴现（Discounted Cash Flow, DCF）估值法是一种评估公司内在价值的绝对估值法，非常适用于蓝筹股的估值判断，因此也很受机构投资者的青睐。很多散户可能会认为这种估值方法很复杂，使用起来很难，但实际上，我们只要搞清楚其基本原理，就能轻松应用。

一、自由现金流贴现估值的原理

前面我们提到过，绝对估值法追求的是对一家公司价值的绝对量化。尽管市场变幻莫测，公司前景充满不确定性，但通过设定一系列合理的参数，我们仍可尝试估算一家公司真实的经济价值。这并非易事，毕竟经济环境、公司发展轨迹充满变数，但我们可以从理想的角度出发构建模型，以此为依据，估算公司的价值。而自由现金流贴现估值模型，就是这样的一个理想模型，它的原理是将公司未来所有可预期的自由现金流折现为当前的价值，以确定公司的理论价值。

我们以案例来解释该估值模型的使用原理。假设 A 公司于 2021—2030 年存续，共计 10 年，且在 2030 年后公司将解散。我们设定 A 公司在每个年度产生的可分配自由现金流（Free Cash Flow，FCF）如表 3-1 所示。

表 3-1

年份/年	2021	2022	2023	2024	2025	2026	2027	2028	2029	2030
FCF/亿元	10	15	20	25	30	35	40	45	50	55

在 2021 年初，A 公司的市值为 200 亿元。我们忽略通货膨胀和其他外在因素的影响，仅基于自由现金流来评估公司价值，且假定未来自由现金流的价值与当前相同，如 2030 年的 55 亿元相对于 2021 年没有任何贬值，那么这家公司值多少钱？在 2021 年市值 200 亿元的时候，其股票是否值得投资？

我们应该怎么算呢？很简单，将各年度的自由现金流进行累加，我们发现，10 年间，A 公司预计将累积有 325 亿元的自由现金流。若将其与当前 200 亿元的市值相对比，显而易见，A 公司被市场严重低估。内在价值远超市值，这意味着投资 A 公司股票有望获得可观的回报。

当然，上面的假设是比较理想化的。在真正运用自由现金流贴现估值法时，我们要考虑三个重要的参数，即初始自由现金流、增长率和贴现率。

在实际投资过程中，我们一般要先取某一年的回报（通常是上一年或本年度预测值）作为初始回报，这个初始回报就是初始自由现金流。如上面的案例中，我们假定的初始自由现金流是 2021 年的 10 亿元。

增长率是什么呢？增长率是我们对公司未来盈利能力的一种预判。它涉及对公司业务模式、市场潜力、竞争态势的深入分析。公司可能经历快速成长、稳定增长及衰退的不同阶段，每个阶段的增长率都会有所不同。通常我们以初始回报（初始自由现金流）为基础，结合公司的发展情况对未来 10 年内（快速发展期）和 10 年后（稳定发展期）的增长速度做出预测。

贴现率则是指将未来有限期预期收益折算成现值的比率。由于存在通货膨胀、投资机会成本和公司经营不确定性风险，未来的钱与现在相比会出现贬值的情况，因此要对预测出来的未来收益按照一定的年化率折算成现在的价值，这个年化率就是贴现率，又称折现率。例如在上面的案例中，2030 年的自由现金流是 55 亿元，假设贴现率为 10%，即每年贬值 10%，那么折算成现在的价值，就只有 21.2 亿元左右。其换算公式为：

$$PV=FV/(1+r)^n$$

其中，PV 是现在的价值，FV 是未来的价值（55 亿元），r 是贴现率（10%），n 是年数（10 年）。

一旦明确了上述三个参数，DCF 估值法的计算流程会更直接。通过将预期的未来自由现金流按照选定的贴现率逐年折现，累加得到的总和便是公司当前的内在价值。这一价值随后可与公司的市场价值进行对比，以判断其是否被市场低估或高估。

让我们通过一个简单的 10 年估值模型来说明 DCF 估值法的计算过程。

假设某公司去年的自由现金流为 10 亿元，预计未来 10 年将以每年 10% 的速度增长，10 年后增速降至 0，股本为 5 亿股，贴现率为 8%。首先，我们计算未来 10 年的自由现金流，并按年折现至现值。例如，第一年自由现金流为 10 亿元 ×(1+10%)=11 亿元，折现至现值为 11 亿元/(1+8%)=10.19 亿元。这一过程重复至第 10 年，第 10 年的自由现金流为 25.94 亿元，折现至现值为 12.01 亿元，将所有自由现金流折现值相加，得到前 10 年自由现金流的现值总额，总计为 110.77 亿元。

接着，我们计算第 11 年及以后的稳定自由现金流折现得到的现值，即永续经营贴现值。它的计算公式是：

$$永续经营贴现值 = 永续经营价值 / (1+g)^n$$

其中 g 是永续经营稳定的增长率，即 10 年后的公司自由现金流的增长速度，此处我们已经假设为 0。永续经营价值则是第 11 年及以后所产生的公司自由现金流，其计算公式为：

$$永续经营价值 = FCF10 \times (1+g)/(r-g)。$$

其中 FCF10 为第 10 年的自由现金流，为 25.94 亿元，r 为 0.08，g 为 0。通过计算可以得出，永续经营贴现值约为 150.18 亿元。

永续经营贴现值与前 10 年的现值总额相加，最终得出公司的内在价值，共计 260.95 亿元，以此价值除以股本（5 亿股），即可得到每股内在价值，即 52.19 元。我们通过对比每股内在价值和当前股票价格，就可以判断出该公司当前市值是否合理、是否被高估或低估，进而帮助我们进行投资决策。

二、三大参数的确定方法

上面我们通过案例解释了 DCF 估值法的原理和计算方法，可以发现，该方法最重要的因素就是三大参数，其估值结果高度依赖输入参数的准确性，任何细微的偏差都可能导致估值上的巨大差异。那么我们该如何理解并确定自由现金流、增长率和折现率呢？

自由现金流是一个重要的财务指标，它用于衡量公司在满足再投资需求后，可分配给股东和债权人的最大现金额。通俗一点来说，它是能够完全分配给股东，又不影响公司正常经营的现金资本。

所以自由现金流与我们通常提及的净利润不是一个概念。净利润中可能包含未到账的收入，如应收账款，以及用于再投资和偿还债务的必需资金，这些都不应被视为可立即分配的现金。想象一下，如果将净利润视为可立即分配给股东的资金，就好比将你所有的工资视为可立即自由支配的个人资产，而忽略了生活开销、房贷、车贷等固定支出的存在。

在计算自由现金流时，一个常见的算法是：经营活动产生的现金流净额减去资本支出，这也是最简单的估算方法。资本支出涉及用于维护或扩大生产规模的固定资产投资，是公司持续运营不可或缺的一部分，在财务报表中体现为"购建固定资产、无形资产和其他长期资产支付的现金"。以海天味业（股票代码：603288）为例，这家以酱油生产为主的公司，2022 年的资本支出为 15.18 亿元，而经营活动产生的自由现金流净额为 38.3 亿元，则其自由现金流为 23.12 亿元。

通常来说，对于负债率较低的公司，由于其财务负担较轻，净利润与自由现金流之间的差距往往较小，此时，直接采用净利润作为初始自由现金流的近似值是合理的。

然而，对于负债率较高的公司，情况更为复杂。这类公司往往难以将所有利润分配给股东，因为需要保留部分利润用于偿还债务或再投资，以维持业务的正常运行。

在这种情况下，稳健的做法是将公司的分红金额作为初始自由现金流。分红金额反映了公司在满足运营和负债需求后，能够实际分配给股东的现金。例如，中国建筑等大型国有企业的分红金额通常占其利润的20%左右，这主要是由于其较高的负债率限制了分红的能力。

然而，对于那些拥有强劲盈利能力且负债可控的优质公司，我们可能会发现，随着时间的推移，其利润积累足以覆盖负债，甚至完全偿还。在这种情况下，公司完全有能力将更多利润分配给股东，而不再受到负债的束缚。对于这类公司，出于简便考虑，我们也可直接以净利润作为初始自由现金流。在进行自由现金流折现估值时，这一做法能够有效简化计算过程，同时保持估值的合理性。

此外，我们还可以直接以上市公司上一年度已经披露的全年自由现金流作为初始自由现金流，这也是一种简单但合理的自由现金流取值方式。

增长率是DCF估值法中的另一个关键变量，它衡量的是公司未来自由现金流增长的预期。在进行DCF估值时，增长率的设定分为两个阶段：未来10年的增长率和永续增长率（稳定增长率）。这两个参数的设定不仅影响着模型的最终输出，也反映了对公司未来发展的预期。

未来10年的自由现金流增长率主要针对公司可能经历的快速成长期。不同行业的公司，其成长周期和速度各异，有的可能在短短几年内达到顶峰，有的则可能经历更长的成长阶段。设定10年这一期限，是为了反映大多数公司成长周期的平均长度，也便于预测和分析。

对于成长型公司，自由现金流增长率的设定需要考虑其成长空间。这可以通过分析公司过去 10 年的自由现金流平均增速，或参考市场分析师对未来 3 年的盈利预测来辅助判断。目标是评估公司在达到稳定阶段前，其自由现金流还能增长多少。

对于成熟或稳定型公司，未来 10 年的自由现金流增长率应与稳定增长率接近，甚至相同。以双汇发展（股票代码：000895）为例，其产品线和市场地位相对稳定，年利润波动小——从图 3-5 可以看出，预测机构对于该公司未来几年的盈利预测都非常稳定，那么，我们对其未来 10 年增长率和永续增长率完全可以设定为 0，表明公司处于平稳发展状态。

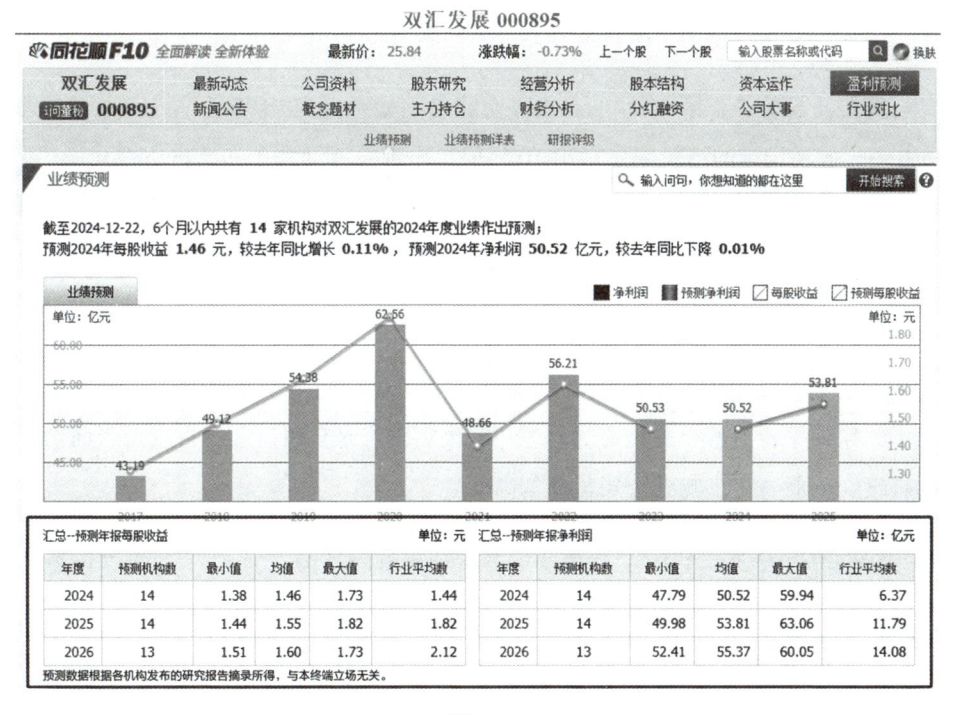

图 3-5

永续增长率是指公司进入成熟阶段后，预计的长期年均增长率。这一参数对于 DCF 估值法至关重要，因为它决定了公司未来自由现金流的长期趋势。永续增长率通常设定在一个较低的水平，通常是以发达国家 1%～3%的增长率作为参考值，它反映了稳定增长国家的经济增长率或通胀率，这种设定可以确保估值的保守性和合理性。

这里简要介绍几种不同行业公司的永续增长率设定原则：第一种，对于具备提价能力和市场接受度高的行业，如某些高端白酒，稳定增长率可以设定在2%～5%；第二种，食品、银行、医药等与国民经济发展同步的行业，稳定增长率可能在1%～3%范围内；第三种，耐用品行业，如建筑、房地产、汽车和家电等，由于市场饱和度高，稳定增长率往往较低，甚至可能为零或负数。

此外，在设定增长率时，重要的是要基于公司特定的行业背景和发展阶段。过于乐观的增长率设定会导致估值过高，而过于悲观则可能低估公司的价值。因此，增长率的设定应基于对行业趋势、公司竞争力和市场环境的综合分析。

需要注意的是，第10年的自由现金流是检验未来10年增长率设定是否合理的指标。如果设定的增长率使得第10年的自由现金流远高于初始自由现金流，就应重新审视这一设定，以确保它与公司的实际增长潜力相符。例如，如果预期第10年的自由现金流是初始自由现金流的5倍，但行业分析表明这种增长不可能发生，那么未来10年增长率这个参数就需要下调。

贴现率的定义是未来的自由现金流折算到现在的年化贬值幅度。在DCF估值法中，贴现率扮演着至关重要的角色，它决定着未来自由现金流折现至当前价值的幅度，从而直接影响到公司估值的高低。

我们可以看到，在DCF估值法中，贴现率常常被设定为8%，这并非随意选取的数字，而是基于对成熟市场长期平均收益率的观察。如图3-6所示，美国道琼斯指数过去50年（1975—2024年）的年均涨幅就是8%。所以说，8%的贴现率既考虑了通货膨胀的因素，也考虑了股票市场的风险溢价，以及投资者期望的长期平均回报率。在A股市场中，尽管具体数字可能因时而异，但8%仍然是一个常用的贴现率标准，反映了投资者对于风险和回报的普遍认知。

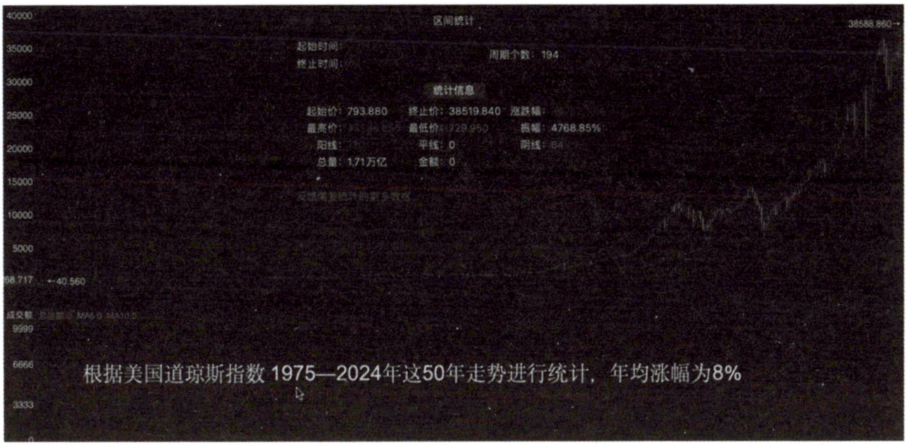

图 3-6

贴现率的选择对 DCF 估值法的最终结果有着显著影响。如果贴现率过高（如 10%），就会使得未来自由现金流的现值大幅降低，导致公司估值缩水。相反，如果贴现率过低（如 5%），未来自由现金流的现值就会增加，可能会导致估值过高，夸大公司的内在价值。因此，选择一个合理的贴现率至关重要，它应当反映市场的实际风险水平和投资者的期望回报。

三、DCF 估值法的实战技巧

在评估公司价值的过程中，我们时常被误导而认为找到一组完美的参数就能瞬间揭示其真实价值。然而，事实远比这复杂得多。估值的本质是一系列假设的集合，其中包含着对未来的主观预测，例如，公司是否会如预期般成长 5 倍或 10 倍，是否会在达到顶峰后稳定发展，面临衰退时是否有再次爆发增长的可能性。每一个假设都充满了不确定性，因此，估值的过程更多地是一种艺术而非纯粹的科学。

为了更全面地理解公司的潜在价值，投资者常常进行多情景分析，探索不同假设下的结果。这通常包括最悲观情景——股价可能跌至的最低点，一般（中性）情景——回归常态后的价值，以及最乐观情景——股价可能达到的最高点。通过这样的多角度分析，投资者可以勾勒出股价可能的走势轮廓，从而在实际股价接近这些极端点时做出相应的投资决策。想要百分之百准确预测公司的估值，是不太可能的。

以贵州茅台（股票代码：600519）为例，2022年10月，其股价触底至1300元/股左右，随后经历了显著的反弹。若要理解茅台股价的这一波动，我们可以采用DCF估值法进行分析。在2022年，茅台的产品竞争力依然强大，出厂价持续提升，直销渠道的比重也在增加，这些都是积极的基本面因素。在这样的背景下，我们可以利用机构的盈利预测作为参数设定的依据，如图3-7所示。

图 3-7

具体而言，如果查看机构对2022—2024年的盈利预测，我们发现其年均增速大约为18%。为了保持谨慎，我们可将未来3年增速的一半作为未来10年的增长率，即9%。至于稳定增长率，鉴于茅台在高端白酒市场的地位，可以设定为4%。如此，我们便有了未来10年的增长率和稳定增长率这两个关键参数。

接下来，我们使用2022年的机构盈利预测作为初始回报（初始自由现金流），假设为627亿元，结合9%的未来10年增长率和4%的稳定增长率，以及合适的贴现率如8%，总股本为12.56亿股，我们可以计算出茅台的内在价值大约为24 474亿元，每股价值约为1948元，如图3-8所示（扫描封面"同花顺图书福利官"二维码，关注后回复"估值模型"，即可领取DCF估值法模板）。

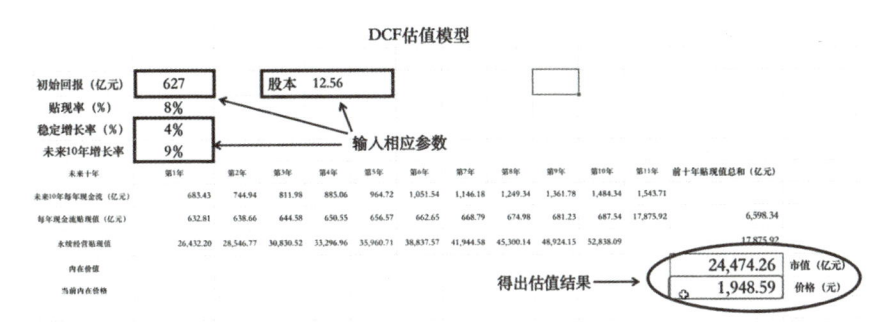

图 3-8

这个数值与茅台两次反弹的高位相匹配，表明市场对茅台的价值认知与其内在价值相吻合。

当贵州茅台的股价达到这一水平时，由于缺乏进一步的推动因素，股价自然会回落，如图3-9所示。

图 3-9

然而，我们还可以进一步探索不同的假设情景，比如在更乐观的情景下，如果经济增长迅速好转，茅台再次提价，未来10年的增长率可能达到12%，此时其内在价值可能上升至每股2400多元。

相反，在最悲观的情景中，考虑到 2022 年疫情扩散导致的市场担忧，未来 10 年的增长率可能仅与稳定增长率持平，即 4%，此时茅台的内在价值大约为每股 1300 元，这与当时股价的底部相符合，说明市场已充分反映了极度悲观的情绪。

当然，在 2024 年，我们看到随着经济形势的变化，市场对于高端白酒的未来消费前景非常悲观，因此在这种情况下我们又要继续调整未来 10 年增长率和稳定增长率这两个参数，从而与当前的市场普遍认知基本相符。

重要的是，即便投资者本身不打算投资这些龙头股，对它们的估值分析仍具有重要的意义。龙头股的估值不仅是其所在行业健康状况的指标，也是整个市场情绪的风向标。如果龙头股估值过高，可能意味着整个行业存在泡沫；反之，如果估值偏低，则可能预示着投资机会的出现。因此，理解并跟踪龙头股的估值变化，对于把握市场动态、识别投资机会至关重要，无论投资者是否直接持有这些股票。

通过上述内容，我们应能了解 DCF 估值法在评估公司价值时的深度与复杂性。这一模型要求我们不仅对公司的财务状况有深刻理解，还需具备对公司未来发展前景的精准预判。

比如，基于公司的负债和利润状况，选取最恰当的初始自由现金流作为估值起点。对于负债率低的公司，净利润可作为近似值；而对于负债率较高的公司，则需更侧重于实际的自由现金流。

再比如，我们需要根据公司的成长阶段和发展潜力，设定未来 10 年的增长率和永续增长率。这一过程需要结合行业趋势、公司竞争力及市场预期进行综合考虑。

最后，通过设定乐观、中性和悲观三种情景，我们可以进行反复测试，以确定股价的合理区间。悲观假设有助于预测股价下跌的极限，而中性和乐观假设则用于设定上涨目标。

此外，通过对行业龙头股的 DCF 估值，我们不仅能够了解特定公司的内在价值，还能洞悉整个行业的健康状况。龙头股的估值水平反映了市场对行业前景的整体预期，为投资者提供了跨公司、跨行业的投资参考。

接下来，我们将转向另一种相对简化的估值方法——PEG 估值法。与 DCF 估值法的复杂性不同，PEG 估值法以其直观和易于操作的特点，为投资者提供了一种快速评估公司价值的方法。通过考察公司的市盈率与盈利增长率之间的关系，PEG 估值法能够帮助我们识别那些成长性与股价相匹配的公司，避免过度支付成长溢价。

探讨 自由现金流贴现估值法在 A 股市场中的实用性

我们在前面的正文里提到过，对于一些小盘股，DCF 估值法虽然可以作为一种估值参考，但由于 A 股市场中炒作风行，所以其实际的估值作用并不大。但是，对于大盘蓝筹股，这种估值方法是非常可靠且有用的。同时，大盘蓝筹股又对整个市场的大趋势有至关重要的影响，如果我们对大趋势判断失误，那么在进行小盘股操作时也将非常困难。因此，掌握 DCF 估值法，对于我们去判断市场的整体情况，以及具体操作个股都是非常有帮助的。

对于这种以点带面的分析，后文还会继续讲解，这里只简单做一下说明。比如白酒行业就是一个适用自由现金流贴现估值法的行业，有些投资者可能倾向于关注贵州茅台、五粮液或者泸州老窖这种高端品牌，而有些投资者则可能更加关注今世缘、古井贡酒或者迎驾贡酒之类中端品牌。对此我们首先要认识到一点：白酒行业往往以贵州茅台为风向标。例如开启每一轮行业涨价的基本上都是贵州茅台，原因在于贵州茅台的品牌认同度是最高的，甚至飞天茅台还具备一定的金融属性和收藏价值。如果这类头部公司都因经营困难而难以提价的话，那么其他公司自然而然也就度日维艰。相反，如果贵州茅台开始提价，那么说明行业景气度开始提升，那么其他品牌如五粮液、泸州老窖等也可能会跟风提价。也正是基于这点考虑，我们完全可以把贵州茅台作为整个板块的锚，通过对贵州茅台估值的把握，而对整个板块的投资价值进行判断，而自由现金流估值法对于贵州茅台的适用性往往非常强，估算起来也更加方便，这样一来，不管是头部品种的投资者，还是中小品种的投资者，都可以通过该方法来调整自己的决策。

其实不光是白酒，像银行等大蓝筹集中的板块也同样如此，并且众多行业当前的头部公司也基本上都能使用 DCF 估值法进行估值测算。比如说新能源汽车板块的比亚迪、房地产行业的保利发展以及家电板块的美的集团等就属于适用类型，具体的估值方法会在后续章节中详细讲到。对这类龙头公司的股票进行的估值测算，就如上面列举的白酒行业一样，不论是对于中大盘股票还是小盘股票，都具备较大的参考价值。

第三节　成长股的估值利器：PEG 估值法

DCF 估值法虽然详尽且全面，允许投资者对公司的未来价值进行精细预测，但其复杂性也意味着在应用过程中需考虑诸多变量，如自由现金流、增长率和贴现率等。对于寻求更简易评估手段的投资者，P/E-Growth（简称 PEG，即市盈率相对于盈利的增长比率）估值法则提供了一个相对直接的解决方案，尤其适用于正在经历快速盈利增长的公司。

PEG 估值法的核心理念在于比较公司的动态市盈率与未来几年（通常是 3~5 年）预期的盈利增长率（即企业净利润的年增长率）。简而言之，如果一家公司的预期盈利年增长率是 X%，那么理论上，当该公司的动态市盈率降至 X 倍或以下时，便显现出了投资价值。例如，假设一家公司未来 3 年的预期盈利增长率为 20%，那么当其动态市盈率降至 20 倍或以下时，便被认为具备了投资吸引力。

而 PEG 则是衡量动态市盈率和预期盈利年增长率的比值，其计算公式为：

PEG=动态市盈率/（预期盈利增长率×100）。

其中，预期盈利增长率通常表示为百分比形式，例如 30%，转换为小数形式即为 0.3。若当前动态市盈率为 60 倍，那么计算得出的 PEG 为 2，表明该股票相对于其增长潜力被高估；相反，若当前动态市盈率为 15 倍，则 PEG 为 0.5，意味着该股票价格相对于其增长潜力较为便宜。一般而言，PEG 接近或低于 1 时，股票被认为具有投资价值。

第三章　估值是长期投资的核心 | 075

以北方华创（股票代码：002371）为例，选取 2023 年 12 月 7 日为分析时点，当日股价最低点为 213 元/股。要想采用 PEG 估值法评估该价格的合理性，首先需确定公司的动态市盈率及未来 3 年的预期盈利增长率。

如图 3-10 所示，我们根据机构预测的 2023 年每股收益均值 7.06 元，计算得出动态市盈率约为 30 倍。同时，为全面评估，我们还可以计算基于机构预测的每股收益最小值（约 5 元/股）及最大值（约 8 元/股）的动态市盈率，分别为 40 倍及 26 倍。

图 3-10

接着，我们开始计算未来 3 年（2023—2025 年）的预期盈利年化增长率。以 2022 年为基期（盈利 23.53 亿元），利用 2025 年的盈利预测均值（68.11 亿元），通过计算得出年化增长率约为 43.09%。值得注意的是，要确保选取的盈利预测值至少是 3 年以后的，以准确反映长期增长潜力。

以动态市盈率 30 倍及预期年化增长率为计算依据，得出 PEG 为 0.7，表明北方华创在该时点的股价相对于其增长预期而言，似乎并未被过分高估。

我们对比 DCF 估值法与 PEG 估值法，会发现 DCF 估值法因其详尽的自由现金流预测与贴现机制，提供了更全面的估值视角，而 PEG 估值法则因对单一参数的依赖及对长期增长潜力的简化处理，可能导致在特定情况下估值结果的失真。从使用感受上来说，PEG 估值法很简单，但容易出错。

那么，两者到底有什么联系和区别呢？实际上，PEG 估值法可以理解为 DCF 估值法的简化方法，在某种程度上，两者是对应的。

以一家公司为例，假设其初始自由现金流为 10 亿元，稳定增长率为 0，未来 3 年的预期盈利增长率为 30%。基于 DCF 估值法，我们可以设定未来 10 年的年均增长率为 15%，这意味着第 10 年的利润将是最初的 4 倍左右。在股本为 8 亿股的假设下，我们可以计算出公司内在价值的合理范围，进而得出动态市盈率。

通过这一计算，我们发现 DCF 估值法得出的动态市盈率与 PEG 估值法得出的"合理"动态市盈率大致吻合，即接近 30 倍，如图 3-11 所示。然而，这一对应关系在 DCF 估值法假设稳定增长率为 0 时成立，而在稳定增长率不为 0 的情况下，DCF 估值法的动态市盈率可能显著偏离 PEG 估值法的动态市盈率。

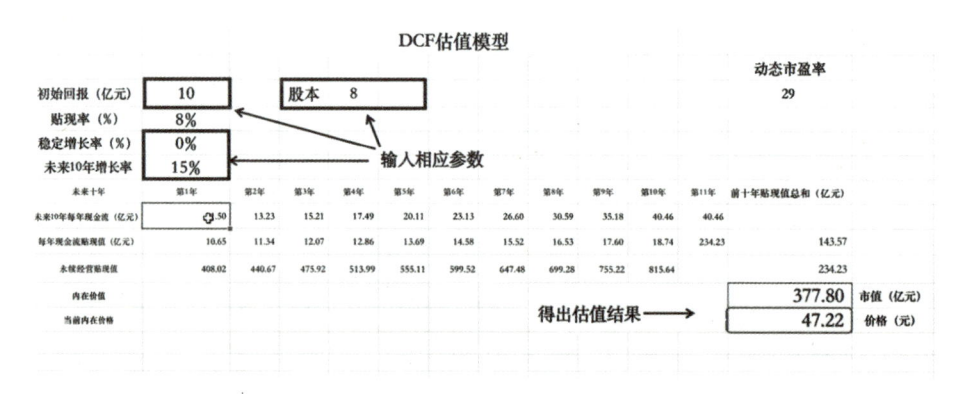

图 3-11

DCF 估值法与 PEG 估值法之间的关键差异在于，DCF 估值法更注重长期增长趋势，尤其是对第 10 年增长情况的考虑，而 PEG 估值法则倾向于反映短期内的增长预期。

PEG 估值法的适用对象主要是那些拥有稳定且持续的盈利能力的公司，尤其是那些能够展示出长期增长潜力的公司。这一方法假设公司能够维持一段较长时期的高增长率，并且其永续增长率保持为正数，通常显著高于 0。在这样的前提下，当 PEG 等于或低于 1 时，股票可能被合理定价或低估，从而具备投资价值。

对于不具备永续经营能力的公司，或是那些增长周期短、容易达到瓶颈，甚至陷入负增长的公司，PEG 估值法可能无法准确反映其价值。比如，短期内增速快的储能和基建等行业，虽然看似 PEG 较低，甚至低于 0.5，但并不意味着其具有投资价值，因为这些行业可能很快达到增长的上限，导致投资者被套。

在评估具体股票时要考虑更多因素。例如一家公司未来 3 年的盈利增长率为 20%，按照 PEG 估值法，其具有 20 倍左右的市盈率，似乎具有投资价值。然而，如果该公司所属行业在 3 年后趋于饱和并开始负增长，PEG 估值法可能高估其价值。在这种情况下，通过 DCF 估值法进行细致的自由现金流预测和贴现，可以更准确地反映公司的真实价值。如果公司未来 3 年的盈利增长率为 20%，但接下来 7 年每年衰退 5%，通过计算可以发现其合理的动态市盈率可能只有 11 倍，而非 20 倍。

有些股票可能因特殊事件而在短期内快速增长，但这种增长难以持续，公司净利润水平在经历短暂巅峰后就迅速回落，这类股票被称为"伪成长股"。如英科医疗（股票代码：300677）因新冠疫情期间手套等产品销售激增，其净利润也出现了激增，但其回落也很明显，如图 3-12 所示。使用 PEG 估值法可能会误判这类股票的价值，因为其低 PEG 掩盖了增长的不可持续性。

相反，那些能够持续产生稳定自由现金流的公司，可能更适用 PEG 估值法。

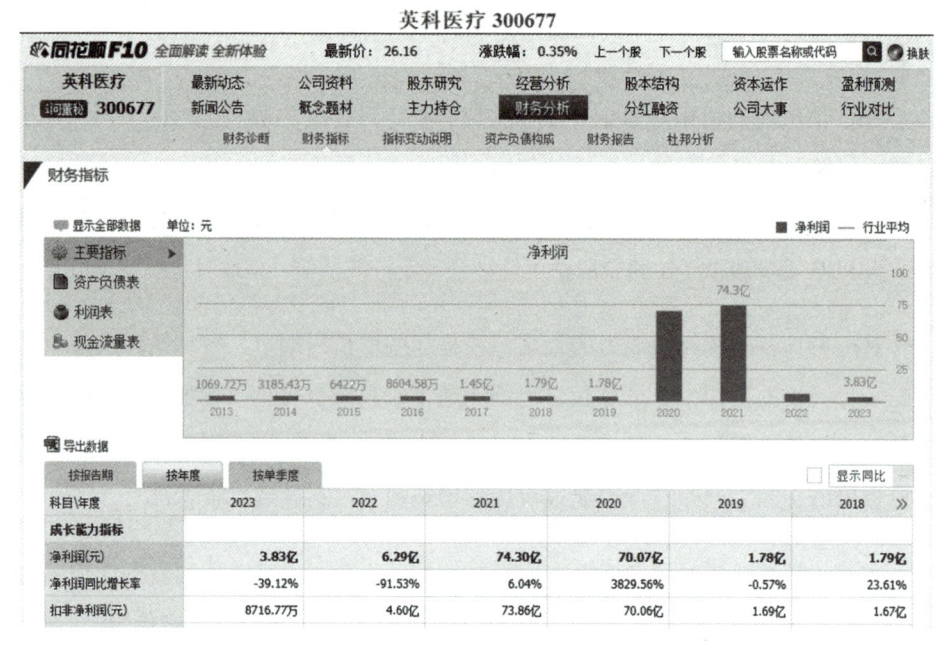

图 3-12

例如，惠泰医疗（股票代码：688617）在 2022 年 4 月底股价跌至约 140.97 元/股后反弹，取 150 元/股作为估值基准，结合 2022 年其每股收益均值 5.38 元，计算出动态市盈率为 27 倍。通过分析 2021—2024 年机构盈利预测，发现其年均增速约为 40%，当时其股价对应的动态市盈率仅为 27 倍，PEG 为 0.6，表明该股可能被低估，为抄底提供了机会，如图 3-13 所示。

图 3-13

另一方面，像金山办公（股票代码：688111）这样的股票，在2023年6月飙升至500多元/股时，计算发现其PEG超过了4，明显是被高估状态，因此后续股价大跌也不足为奇了，如图3-14所示。这再次证明了PEG估值法识别被高估股票的有效性。

图 3-14

总的来说，PEG估值法主要用于快速评估成长型股票的价值，而DCF估值法则提供了更全面、更精确的长期价值分析。在实际操作中，投资者可以用PEG估值法进行初步筛选，在遇到极端市场行情或对优质股票做深入分析时，结合DCF估值法进行更细致的评估。这种综合运用两种方法的策略，可以帮助投资者在复杂多变的市场环境中做出更为明智的投资决策。

探讨　PEG 估值法与 DCF 估值法的关系

DCF 估值法提取公司未来 3 年的盈利增长率的一半作为未来 10 年增长率参数，并且假设公司的永续增长率为 0，从而最终得出合理价格。但是有些优质公司往往未来 10 年的增长率高于未来 3 年增长率的一半，或者永续增长率大于 0，所以其真实的内在价值也高于按照上述参数测出的结果。因此我们就认为，上述以未来 3 年增速一半以及 0 永续增长率作为相应参数得出的结果，就是可以考虑买入的价格，也就是说这个价格其实是被低估的，这与使用 PEG 估值法得出的结论也较为吻合。

在搞清楚了这两者之间的关系后，自然也就能认识到 PEG 估值法的局限性，以及它的适用范围，而这一点往往是非常重要的，因为 PEG 估值法最好用于那些未来 10 年增长率较高（起码能超过未来 3 年增长率的一半），并且永续增速大于 0 的公司。

否则我们在使用 PEG 估值法过程中经常会发现，明明很多股票看似 PEG 低于 1，但是如果真买入的话可能就会出现大幅亏损。这些股票往往是上文讲到的近期业绩爆发式增长而缺乏持续性，或者远期会陷入负增长的公司。而有些股票 PEG 明显大于 1，但是股价却长期处于上涨趋势，这些公司往往具备很强的内生性增长潜力，以至于市场认为公司的未来 10 年增速和远期增速都明显会超过我们的假设。

第四节 周期股的价值天平：PB 估值法

前面我们根据上市公司利润的变化和增长模式的不同，将股票分为三种：成长股、周期股和蓝筹股，而 DCF 估值法和 PEG 估值法分别适用于蓝筹股和成长股，那么针对周期股，我们该用什么估值方法呢？这一节我们来具体聊聊。

周期股的一个显著特点，就是盈利的波动性。如同前面提到的经济周期一样，周期性行业也会经历四个阶段——萧条期、复苏期（回升期）、繁荣期、衰退期。一般而言，周期性行业的公司在萧条期会陷入盈利低谷，而在繁荣期迎来增长高峰。如果使用 DCF 估值法进行估值判断，投资者可能根本无法测算其未来 10 年的增长率，更别提测算其 10 年之后的稳定增长率了。使用 PEG 估值法同样如此，因为周期股的本质就是波动，它按照市场与经济的节奏变化，而非一条笔直向上的增长曲线。这种波动性要求我们捕捉的是周期性的规律，而非单一的增长率。

以有色金属行业为例，如对于与铜开采业务相关的股票，投资者的目光应聚焦于铜价的波动。铜价的升降也会反映到与之相关的公司的盈利增长上，进而反映到股价波动上，譬如江西铜业（股票代码：600362），其盈利曲线就随着铜价的涨跌而起伏，如图 3-15 所示。当铜价攀升时，公司的利润水涨船高，股价也随之上涨；反之，铜价下跌时，公司的利润也会缩水，股价也随之下跌。

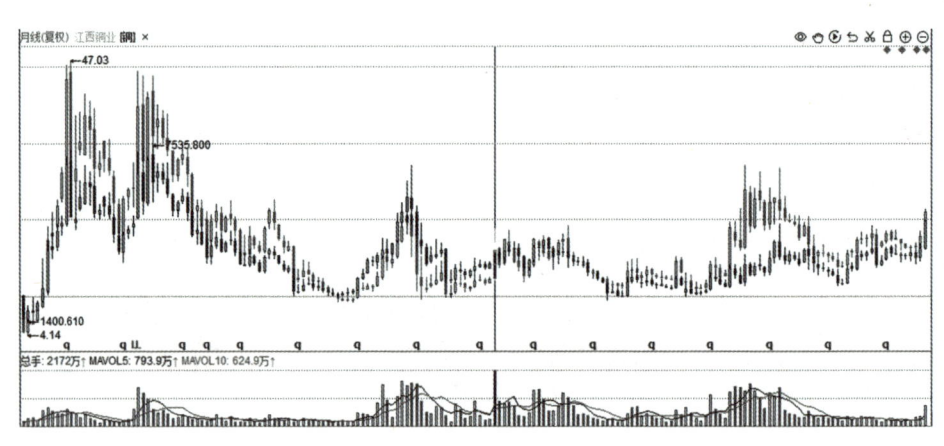

图 3-15

再比如，券商的业绩与市场牛熊的变化息息相关。如图 3-16 所示，中信证券的业绩在牛市中犹如乘风破浪的航船，股价随之扬帆起航；而熊市来临时，成交量的萎缩如同退潮，拖累着业绩与股价一同沉沦。这正是周期股的魔力所在，它们与市场的脉搏同频共振，演绎着周期的旋律。

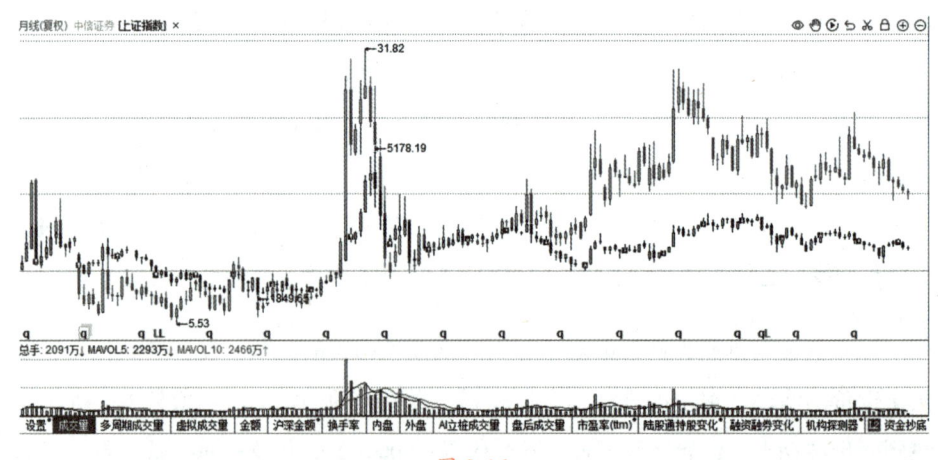

图 3-16

由于周期股有这些特性，DCF 估值法与 PEG 估值法显然是不适用的。尤其是对增长率的预测，于周期股而言，犹如在风中捉影。试图用 PEG 估值法来评估周期股的价值，是很多投资者常常犯下的错误。

例如，本书中常提到的天齐锂业，在 2022 年的时候全年利润达到了 240 亿元，其股价最高约为 148 元/股，总股本是 16.4 亿股，那么算下来其动态市盈率不到 10 倍，而从 2021 年到 2022 年，其净利润增长了近 12 倍。如果投资者以这样的市盈率和预期增长率去进行 PEG 估值，极有可能会误以为找到了价值洼地。然而，这种估值方式忽视了周期股的本质，即其盈利的波动性与周期性，导致投资者在高位买入，最终陷入被套牢的困境。

那么周期股的投资逻辑是什么呢？投资周期股的最佳时机通常出现在萧条期，因为在这个阶段，行业业绩普遍不佳，市场情绪低迷，往往导致股价走低，市盈率在这个阶段并不能真实反映周期股的价值。投资者需要关注的焦点是萧条期股价可能跌至的最低点，以及从复苏期到繁荣期股价可能达到的峰值。明确了这两个关键点，就能更准确地把握买入与卖出的时机，而把握股价低点和高点的有效指标，就是市净率（PB）。

我们先来探讨第一个问题：周期股在萧条期最低会跌到什么程度？我们知道，在萧条期，市场普遍弥漫着悲观气氛，投资者对未来的预期极为消极，这对于周期股而言，意味着其股价可能触及底部。在这一阶段，我们需从最悲观的角度出发，考察公司业绩可能遭受的重创，甚至可能面临的亏损风险。不过不同的周期股，所面临的情况也不尽相同。

有些周期股即使在萧条期也展现出较强的盈利能力，以券商股为例，中信证券（股票代码：600030）即便在 2018 年的大熊市中，依然保持着约 93 亿元的利润（见图 3-17），这表明这类公司亏损的可能性较低。因此，当股价跌至每股净资产价格，即市净率为 1 倍时，这类股票往往被认为已进入价值区间。这意味着投资者在萧条期可以关注那些即便在不利环境下仍能保持盈利的公司，尤其是在股价接近每股净资产时，可能蕴藏着投资机遇。

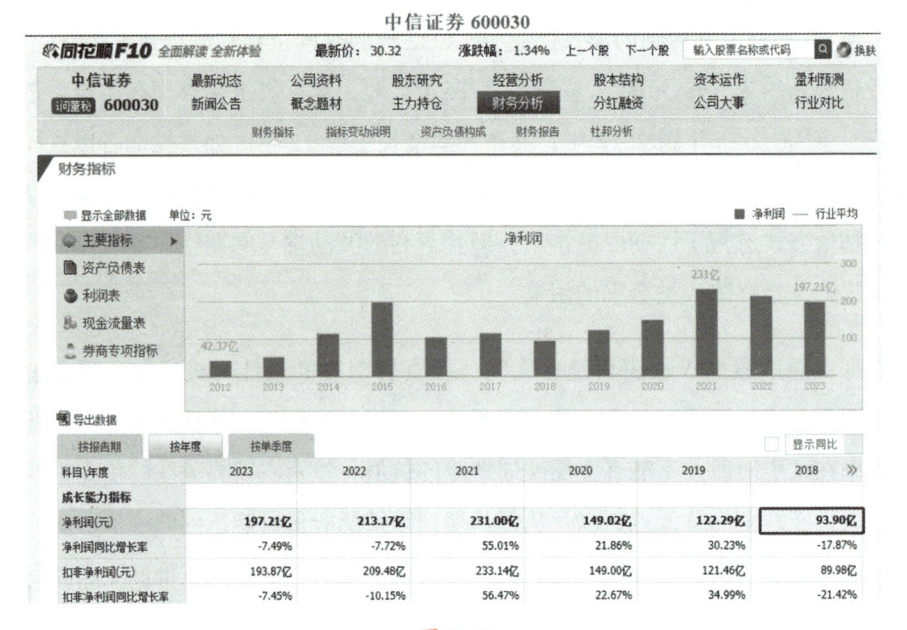

图 3-17

另一类周期股不仅具有稳定的盈利记录，还拥有优质资产。优质资产指的是那些能够持续创造效益的资产，这些资产往往受到市场追捧，即使在萧条期，其市净率也很少会跌至 1 倍以下。以有色金属开采行业为例，优质的黄金股在萧条期的市净率可能维持在 1.5～2 倍，这反映了市场对黄金这类稀缺资源的长期需求，如湖南黄金（股票代码：002155）在 2022 年第一季度的萧条期，其每股净资产超过 4.6 元，股价最低约为 8 元/股，市净率约为 1.7 倍。类似地，工程机械和新能源汽车等行业的龙头公司，由于资产的稀缺性，其市净率也往往保持在较高水平，比如三一重工（股票代码：600031），在 2016 年处于萧条期时其每股净资产约 3 元，股价最低为 4.55 元/股，市净率约为 1.5 倍。

与前两类公司形成鲜明对比的是，有些周期股虽然资产规模可观，但资产质量较差，无法有效转化为盈利。这类股票在萧条期的估值很难预测，投资者应避免涉足，因为这类公司的股价可能无限下跌，甚至面临退市风险。

因此，我们在计算周期股在萧条期的估值时，关键在于分析公司的资产质量和盈利稳定性。投资者应关注那些即使在行业低谷也能保持盈利和资产价值的公司，特别是市净率接近 1 倍时，往往是寻找投资机会的信号。然而，对于资产质量差、盈利不稳定的公司，投资者应保持警惕，避免在萧条期盲目"抄底"，以免遭受更大损失。通过审慎分析，投资者可以在周期股的萧条期寻找到真正的价值。

市净率不仅适用于周期股，其应用范围还可以涵盖其他类型的股票，尤其是那些拥有优质资产和强大竞争优势的公司（比如高科技公司）的股票。

高科技公司，特别是那些拥有核心技术专利和宽阔"护城河"的公司，如军工、医药和芯片公司，往往在创新和研发方面投入巨大，构建了难以逾越的竞争壁垒。当这些公司的市净率降至 1.5～2 倍时，很可能标志着历史性低点的到来，而如果进一步降至 1～1.5 倍，通常是极佳的抄底时机。

比如航发动力（股票代码：600893）是一家专注研发、制造航空发动机的公司，在 2019 年末至 2020 年初期间，其市净率一度低至 1.5 倍。考虑到其在航空航天领域的核心竞争力，这个价位预示着有限的下行空间，随后股价果然大幅反弹，如图 3-18 所示。

图 3-18

再比如医药行业的复星医药（股票代码：600196），尽管其在医药行业中的地位并非绝对领先，但其持续的研发投入确保了其在行业内的稳固地位。2024 年初，复星医药经历了一轮股价下跌，市净率降至 1.4 倍，最低点时接近 1.2 倍，每股净资产约为17元，这表明市净率为1.1~1.2倍时，股价可能筑底。

对于周期股和高科技公司股票来说，市净率的大幅下跌往往预示着市场情绪的极端悲观，而这正是有经验的投资者寻找价值和建立仓位的绝佳时机。

再来探讨第二个问题：周期股在行情好的时候，市净率最高涨到多少倍才算合理？这个问题很难回答，但如果简单地设定一个固定的阈值，如以2倍或3倍市盈率作为卖出信号，并非明智之举。相反，关键在于判断复苏期的持续时间，理论上，只要复苏期不断，股价和利润就有望持续增长。

然而，根据多年的观察，市净率存在一个普遍的上限，大约是10倍，这通常被视为一个临界点。一旦市净率达到这一水平，进一步上涨的空间变得有限，且市场可能随时转向，特别是在繁荣期临近尾声之时。复苏期的长度难以预测，投资者往往需要根据行业复苏的时间跨度来调整策略。有些行业在复苏期可能仅能维持5倍市净率，而有些则可能超过10倍，这主要取决于复苏期的持续时长。

总体而言，利用市净率估值法，投资者可以在萧条期寻找那些估值已经跌至低位，且即将迎来反转的周期股。这类股票在底部可能会长时间震荡，若过早买入，就需要耐心等待，因为股价可能在1倍市净率左右徘徊许久。然而，一旦行业复苏迹象显现，且盈利前景乐观，再买入往往能获得丰厚回报。对于资产质量更高的公司，即使市净率为1.5~2倍，只要复苏即将到来，仍值得耐心持有。

而在复苏期，投资者应密切关注经济周期，评估行业复苏期是否即将结束，以及还能持续多久，据此判断最佳的卖出时机。错过底部买入机会的投资者，如果确认复苏期仍可持续，仍然可以考虑买入，但要避免盲目追高。

另外，在熊市末期，对于科技股公司和其他优质公司，投资者可以通过市净率估值法判断其估值水平——当其市净率降至足够低的水平时，投资者可以进行抄底操作。根据我们多年的观察，非常优秀的公司市净率为1.5~2倍，或比较优秀的公司市净率为1~1.5倍时，其股票处于底部的概率较高，这些都是值得关注的买入点位。

探讨 市净率的实用性

在这么多年的投资和从业生涯中，使用最多以及效果最好的还是市净率这个看似最简单的指标，尤其是在极端行情下，该指标往往能发挥出神奇的功效。究其原因还在于该指标虽然很简单，却最能直接反映公司的变现价值，因为该指标揭示了当前股价和每股净资产的比值关系，而每股净资产就好比是公司的身家，当优质品种的股价跌到了每股净资产位置，一般来说都会有比较强的支撑。因此大家可以看到很多周期股的历史性底部都是1倍左右的市净率。

也正是由于这一点，让很多投资者误认为但凡跌到了1倍市净率，就一定能形成底部。但是在熊市期间却有很多破净（股价低于每股净资产）的股票，这种现象又不免让投资者开始怀疑市净率到底有没有用，以至于把这个非常重要的估值方法弃之不用。

其实上文说到过，市净率并非一律以1倍作为底部的参考依据，而是要根据公司资产的质量来判断，因为有些公司的很多资产一旦变卖其实并不值钱，这和2022—2024年很多房地产公司的一些存量的房子和土地大幅贬值是一个道理。

基于这一点，我们使用该指标的时候更多还是要用在一些资产质量良好的公司中。那么什么是资产质量良好呢？这可以从很多角度去理解，比如说公司的盈利能力非常不错，远期也没有大幅亏损的可能性，那么这就是资产质量良好的具体表现；或者公司有大量的无形资产，比如技术专利等，而这些技术专利哪怕短期内难以转化为利润，可一旦大规模应用则有望大幅给公司带来超额利润，所以这类公司就非常适合用该指标在极端弱势行情下进行底部判断。当然，这类公司的市净率往往很难跌到 1 倍，可能会比 1 倍偏高一些，或者为 1.5～2 倍，原因是市场投资者认为其本身的技术专利等资产是非常值钱的，没有理由跌破或者跌到 1 倍市净率水平。

在 A 股市场中，一些科技类行业龙头公司在熊市末期会出现上述现象，比如说在国内乃至全球具有技术领先地位的基因测序仪龙头公司——华大智造（股票代码：688114）以及兄弟公司华大基因（股票代码：300676），它们在 2024 年股价最低的时候市净率都跌破了 2 倍，华大智造最低市净率跌至 1.7 倍左右，华大基因市净率最低甚至一度触及 1.3 倍。如果观察两家公司的利润表就会发现，华大智造 2023 年的研发费用高达 9 亿元以上，而华大基因也在 5 亿元以上。虽然基因技术在唐氏筛查以及靶向药等方面进行了一定的应用，然而其他方面的使用并没有大规模普及，这可能和它的成本较高有很大关系，因此进一步降低测序成本是未来大规模应用的关键，此外还需要推动应用场景的扩大，这些条件一旦成熟就能有效推动相关公司业绩的增长。所以该类品种在熊市末期就能通过市净率指标进行估值判断。相反，如果此时用市盈率等指标，会发现其用处非常有限，因为在当前这类公司很可能盈利情况并不好，市盈率甚至出现负值，如果因此就认为该类品种毫无价值，显然是不对的。

通过上面内容，我们介绍了三种常用的估值方法：DCF 估值法、PEG 估值法和 PB 估值法，以及它们在不同市场条件和股票类型中的应用。但在具体应用这些方法的时候，我们可能会遇到各种各样的问题和困难，在下一节中，我们将针对这些问题和困难，结合实际案例进行深入探讨，进一步帮助投资者提高分析股票价值的能力，从而在投资旅程中取得更好的成果。

第五节　估值的核心难点

这一节我们来聊聊在使用估值方法时会遇到的一些难点以及解决思路。

在使用 DCF 估值法进行估值的时候，投资者常常会面临两个绕不过去的难点：一是如何准确预测公司未来 10 年的增长率，二是如何确定公司在遇到增长瓶颈后能够维持的永续增长率。这两点直接关乎使用 DCF 估值法进行估值的准确性。下面我们以比亚迪为例，深入探讨 DCF 估值法中的这两大难点。

巴菲特是在 2022 年 8 月开始减持比亚迪股票的，后来又持续减持，他首次减持时价格相当于 A 股的 300 多元/股，在 260 元/股左右时继续减持。如果仅从 PEG 估值法的角度分析，可能无法完全理解巴菲特的减持行为。以 2022—2025 年机构预测的年均盈利增长 46% 来看，根据 2022 年 8 月—2023 年 8 月的中枢价格 260 元/股的股价计算，以 2023 年预测收益 10 元/股为准，比亚迪 2023 年的动态市盈率大约为 25 倍，显然是低于其 46.41% 的年化增长率的，PEG 仅比 0.5 高一点，市值处于低估区间（见图 3-19）。然而，深入分析比亚迪的未来成长空间和行业动态，才能更全面地理解巴菲特的决策。

PEG估值模型

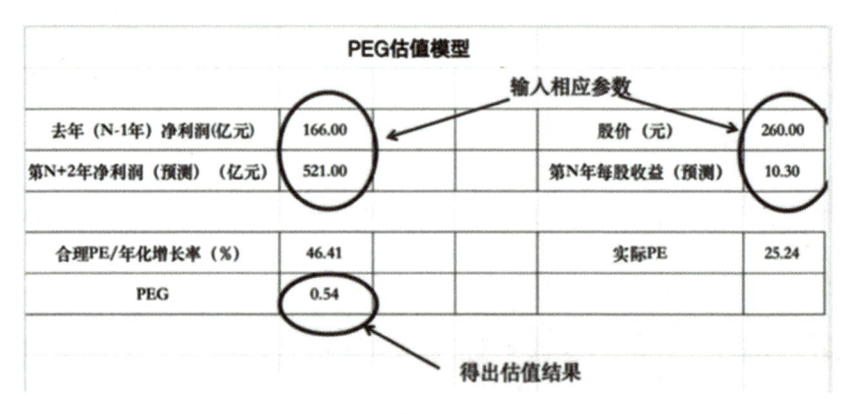

去年（N-1年）净利润（亿元）	166.00	股价（元）	260.00
第N+2年净利润（预测）（亿元）	521.00	第N年每股收益（预测）	10.30
合理PE/年化增长率（%）	46.41	实际PE	25.24
PEG	0.54		

输入相应参数

得出估值结果

图 3-19

我们站在 2022 年和 2023 年的时间点，来分析一下比亚迪未来的成长空间。

中国汽车工业协会发布的数据显示，2022 年，中国汽车销量约为 2686.4 万辆，而新能源汽车销量达 688.7 万辆，占比为 25.6%。简单计算一下，如果新能源汽车完全取代传统燃油车，则新能源汽车的市场空间可扩大 3 倍。

而比亚迪 2022 年新能源汽车销量为 186.85 万辆，在国内新能源汽车市场的占有率为 27%，若保持这一比例，则其未来销量增长与行业平均水平相同，约为 3 倍。但 2023 年比亚迪销量为 302.44 万辆（含海外 24.28 万辆），在国内新能源汽车市场的市场占有率提升至 30% 以上，表明其竞争力增强，拥有略高于行业平均水平的销量增长，可能达 4 倍。那么在乐观情况下，比亚迪汽车未来销量的峰值可能为 900 万～1000 万辆，我们可取中值为 950 万辆。如果考虑未来新能源汽车市场竞争加剧，比亚迪未来销量增长也可能在 3 倍左右。

再来估算一下比亚迪的未来净利润情况。比亚迪财报显示，2022 年比亚迪的净利润为 166.22 亿元，其中单车净利润为 7000～8000 元，第四季度接近 1 万元。2023 年的净利润为 300.41 亿元，单车净利润稳定在 1 万元左右，接近丰田单车净利润水平。从目前比亚迪走的路线来看，高端化并不是其主要发力方向，因此净利润进一步提升的可能性不大——这也显示出比亚迪的盈利能力已趋于稳定。据此我们可以推算出比亚迪未来峰值利润为 550 亿～950 亿元，如果乐观一些，则可以假设在 950 亿元基础上提升 50%，即 1425 亿元。

汽车行业竞争非常激烈，因此若行业达到饱和状态，后永续增速是很低的，因此永续增速为最多 0%，也可能是 –2%~–1% 的水平。

接下来，我们根据以上数据，运用 DCF 估值法来测算比亚迪的估值。

首先，我们来测算一下最乐观情景下的估值情况。假设未来第 10 年的峰值利润规模达 1425 亿元——这里直接采用净利润作为自由现金流，那么以 2022 年的净利润 167 亿元作为初始自由现金流，得出未来 10 年的稳定增长率约为 24%。贴现率设定为 8%，永续增长率也乐观设定为 0，那么经过计算可以得出，其内在价值可能达到 12 000 多亿元，对应价格为 418 元/股，与 2022 年比亚迪最高股价 357.61 元/股非常接近了，表明当时的股价已接近最乐观的估值，如图 3-20 所示。

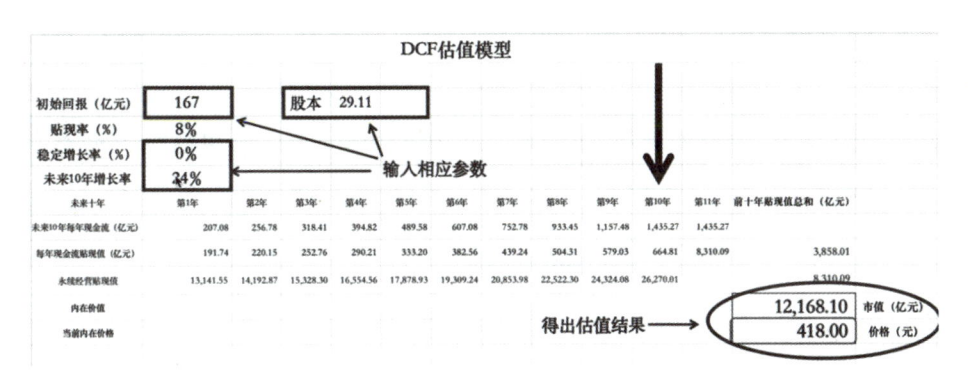

图 3-20

那么一般情景下比亚迪的内在价值是多少呢？假设第 10 年的净利润为 950 亿元，那么未来 10 年稳定增长率为 19%，永续增长率设定为 –1%，计算可以得出其内在价值约为 7800 亿元，合理价格为 260 元/股，这意味着投资者在该价格购入股票时，需要业绩超预期才能获利，如图 3-21 所示。

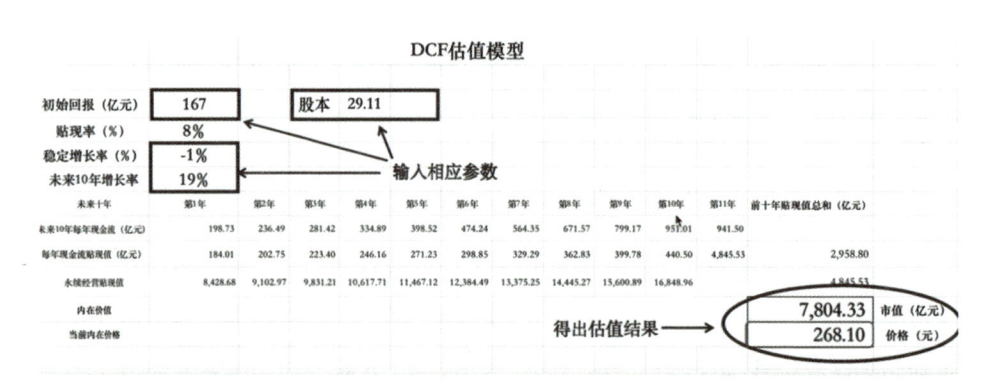

图 3-21

最悲观情景下又是如何呢？假设第 10 年的净利润为 550 亿元，且净利润的 80%作为给股东的分红。那么初始自由现金流为 134 亿元（167 亿元×80%），第 10 年的自由现金流为 440 亿元，计算可得稳定增长率约为 13%，同时假定永续增长率为–1%。将以上数据代入 DCF 估值模型，得出悲观情景下比亚迪的内在价值约为 4000 亿元，合理的股价为 139 元/股，如图 3-22 所示。所以当 2024 年 2 月份其股价跌至 162 元/股的时候，已接近理论上的低点，下跌空间已经不大了。

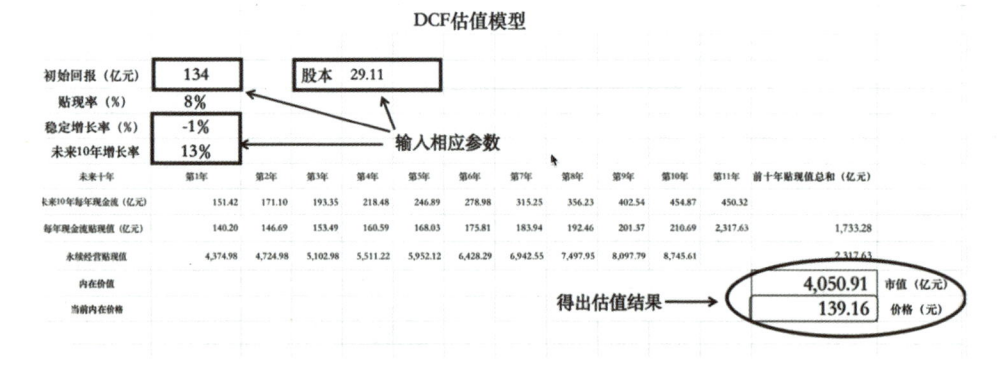

图 3-22

这样来看，我们就能理解巴菲特的减持行为了。

通过深入分析比亚迪的估值案例，我们可以了解到单纯依赖 PEG 估值法的局限性，在进行股票估值时，必须考虑公司的成长空间、行业趋势、竞争格局，以及盈利预测。DCF 估值法虽然复杂，但能提供更全面的视角，帮助投资者理解股票的内在价值和合理价格。在市场行情不佳时，采用保守的估值假设尤为重要，以避免过高估价的风险。

从上面的案例可以看出，解决 DCF 估值法的两大难点——预测未来 10 年增长率和确定永续增长率——的关键，在于对上市公司成长空间的分析以及对行业的分析。

成长空间分析是评估公司未来潜力的前提，也是确定未来十年预测增长率的重要方法，它涉及行业的发展前景和公司在行业中的定位。我们可以采用以下分析框架进行分析。

第一步，分析行业渗透率。以新能源汽车为例，分析行业当前的渗透率，即新能源汽车在整个汽车市场中的份额。假设当前新能源汽车占比 25.6%，未来如果新能源汽车完全取代传统燃油车，那么市场空间将是当前的 4 倍。这种方法同样适用于分析将要实现国产替代的芯片行业等。

第二步，公司竞争力评估。行业可能有巨大的成长空间，但并非所有公司都能从中受益。分析公司的毛利率可以帮助了解其在行业中的竞争力。毛利率较高的公司通常具有更强的定价能力和市场地位，其增长速度可能超越行业平均成长速度；而毛利率较低的公司的增长速度会低于行业平均水平。

第三步，成长空间区间预测。结合行业渗透率和公司竞争力分析，可以预测公司成长空间的合理区间。

而在确定稳定增长率时，我们需要考虑以下因素。

第一，产品耐用程度。产品越耐用，消费者重复购买的频率越低，稳定增长率通常越低。例如，汽车的更新周期远长于智能手机，因此汽车行业的稳定增长率通常低于消费电子行业。

第二，行业历史分析。回顾行业历史数据，分析行业在不同发展阶段的增长趋势。某些行业可能持续增长，而其他行业可能在达到饱和点后增长放缓。

结合产品耐用程度和行业历史分析，我们设定一个合理的永续增长率。一般来说，行业成熟期的预期增长速度通常为 0%~2%，有些需要设置为负数，具体取决于行业特性。

以上是针对蓝筹股和成长股进行 DCF 估值时，我们所面对的难点以及解决方法。其次，在对周期股进行估值时，也有一个难点，即如何判断其底部估值，解决的思路主要是评估公司在萧条期的盈利能力和复苏期的扩张能力。

在萧条期，周期股的盈利能力是评估其底部估值的关键。投资者需要分析公司在最差情况下的盈利能力。如果公司能在行业低谷保持盈利，即使盈利额较小，也能显示出其较强的抗风险能力。

但仅有抗风险能力也不行，因为我们投资周期股，并不是为了抵抗风险，而是为了获得收益，因此我们还要评估周期股在复苏期的扩张能力，即公司在行业复苏时是否有能力扩大生产或市场份额。这通常与公司的资源储量和资本结构有关。

我们把两家有色金属开采公司——洛阳钼业（股票代码：603993）和盛屯矿业（ST 盛屯，股票代码：600711）做对比，看看不同周期股公司的盈利能力和扩张能力。

洛阳钼业是一家以铜、钴、钨和钼等有色金属的采掘、加工为主业的公司，在其经营历史中，特别是自 2012 年上市以来，未出现过亏损，且净利润能保持一定的水准，这表明即使在萧条期，公司也能维持一定水平的盈利能力，如图 3-23 所示。

盛屯矿业也是一家以有色金属采掘、加工为主业的公司，其主要产品为钴、铜、镍、锌等，但与洛阳钼业相比，其净利润要微薄得多，甚至在 2022 年出现了亏损的情况，如图 3-24 所示。可以看出来，该公司在行情差的时候，抗风险能力也较弱。

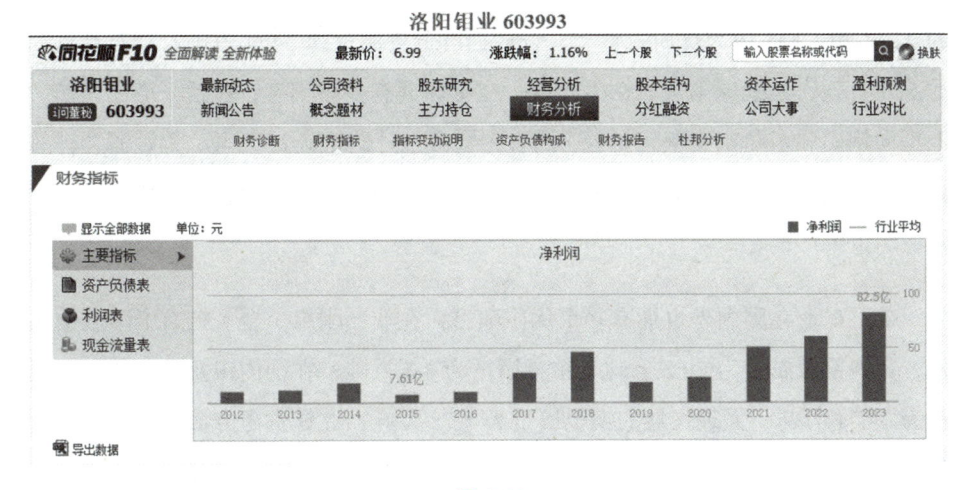

图 3-23

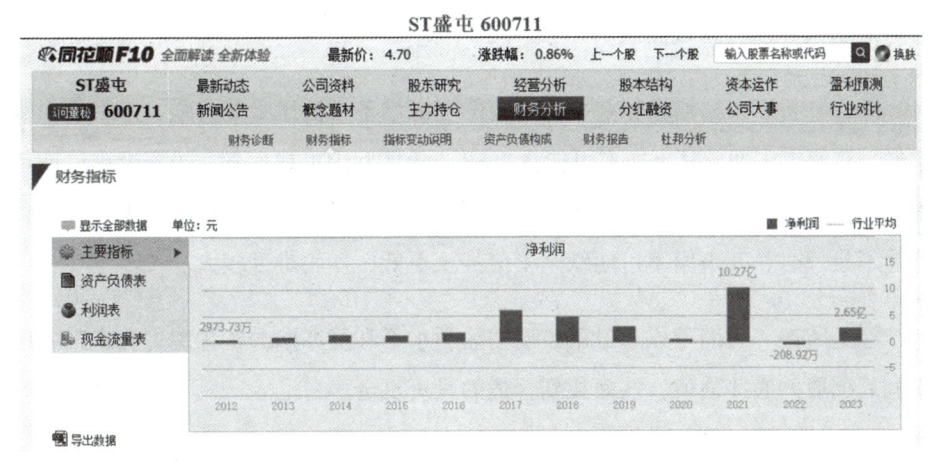

图 3-24

再来对比一下两家公司的扩张能力。

对于有色金属开采类的公司，我们在考察其扩张能力时，主要是看它的资源储量情况。如果它只拥有很低的资源储量，那么扩张能力就不会很强，相反，如果它的资源储量很高，那么扩张能力就会强很多。

洛阳钼业是全球领先的铜、钴、钼、钨、铌生产商，也是在巴西排名靠前的磷肥生产商，在全球各地都拥有大量铜、钴、钨和钼资源，比如：其在刚果（金）

的 TFM 和 KFM 两大优质铜钴矿，合计拥有铜资源量约 3464 万吨；拥有钴资源约 525 万吨，是全球第一大钴生产商；在全球拥有多座钼矿，包括三道庄钼矿、上房沟钼矿和新疆东戈壁钼矿等，拥有钼资源合计约 136.25 万吨；钨资源合计约 10.97 万吨。另外，公司还间接持有巴西 NML 铌矿 100%股权，而该矿是全球铌资源的重要产地之一。

盛屯矿业在国内外也拥有多个优质项目：在非洲刚果（金）拥有卡隆威铜钴矿，其中铜金属量为 30.2 万吨、钴金属量为 4.3 万吨；在国内银鑫矿业的铜金属量为 14.71 万吨、大理三鑫的铜金属量为 5.78 万吨；在锌资源方面，公司在国内的埃玛矿业已经探明拥有锌金属量 41.33 万吨；在镍资源方面，公司在印度尼西亚拥有友山镍业和盛迈镍业，进行镍金属的挖掘和开发。但总体来看，其资源储量与洛阳钼业不可同日而语。

综合分析下来，洛阳钼业拥有丰富的资源储备，抗风险能力强，未来亏损概率低。在熊市末期，其市净率可能在 1.5~2 倍区间内形成底部，投资者难以期待更低的价格。而盛屯矿业的资源储备有限，抗风险能力较弱，扩张能力受限。在行业不景气时，其市净率可能跌至 1 倍甚至更低，抄底难度较大。

综上所述，我们可以通过萧条期的盈利水平和复苏期的扩张能力，来判断出不同周期股的底部估值，从而找到合适的投资机会。

在本章中，我们主要介绍了三种常用的估值方法，对不同的公司而言，选择合适的估值方法至关重要。DCF、PEG 和 PB 等估值法各有适用场景，投资者应根据股票类型选择最合适的估值方法。例如，DCF 估值法适合蓝筹股和成长股，而 PB 估值法对周期股更有参考价值。

但是，我们也需要注意到，理论上的估值与实际股价间是存在偏差的，这主要由市场情绪驱动。这里我们提出一个公式，即股价=当前合理的估值+市场情绪因素。投资者在评估股价时，除了计算合理估值外，还需考虑市场情绪的影响。在熊市阶段，负面情绪可能导致股价明显低于合理估值；而在牛市阶段，正面情绪可能导致股价出现溢价。

接下来，我们将学习如何通过技术指标和市场整体走势来判断市场情绪，从而更精准地把握股价的走势。在掌握了估值方法和市场情绪判断技巧后，我们将能够更有效地制定抄底和卖出策略，减小投资风险，提高投资回报。

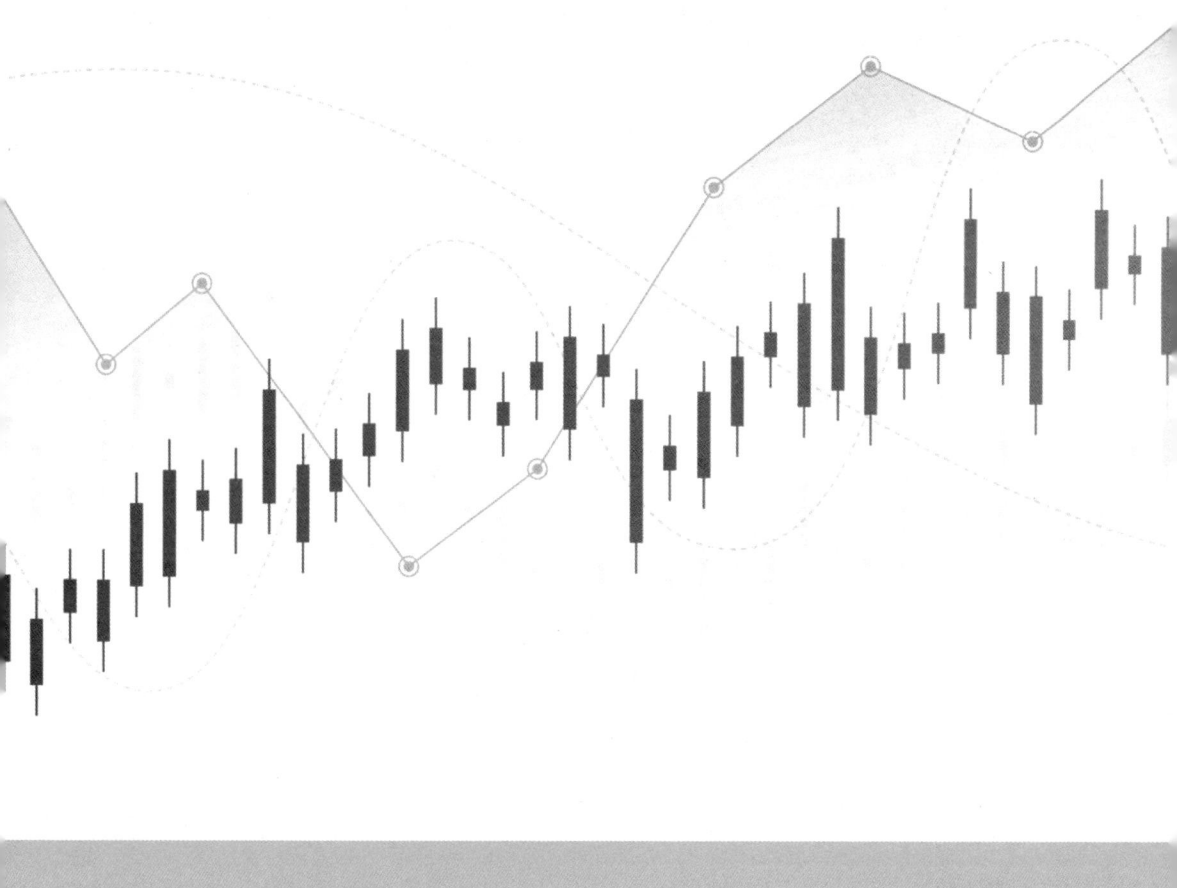

第四章
市场情绪的判断方法

判断市场情绪的最终目的是什么？是为了找到更加合理的买卖时机。

　　试想一下，如果我们去抄底一只股票，是不是光去判断它的估值够不够低就可以了呢？不是的，我们常常会发现，有些股票哪怕估值已经足够低，但它还在继续跌，这是为什么呢？前面我们讲过，股价等于合理的估值加上当前市场情绪对它的影响。股价的走势不仅受到估值的影响，也受到市场情绪的作用。

　　因此，结合市场情绪（比如判断出市场情绪已经到冰点）适时抄底，成功率会高很多。也就是说，市场情绪可以放大或缩小股票的真实价值，导致股价偏离其内在价值。因此，结合估值分析和情绪判断，可以更全面地理解股价变动的驱动力。

　　可是，具体如何去判断市场情绪呢？有两种方法：一个是从技术指标上去判断，一个是从市场的整体走势上去判断。本章的主要内容就是介绍这两种判断方法的具体用法。需要注意的是，我们建议两种方法一起使用，这样对市场情绪的判断会更准确。

第一节　从技术指标判断市场情绪的高低

怎样运用技术指标去判断市场情绪的高低呢？在介绍具体方法之前，我们来思考一个问题，即：什么是股价上涨的根本原因？

前面其实已经提到过，市场的涨跌本质是买卖双方资金力量的较量，但很多人对此还有疑问，他们会把股价上涨归因于一些表象，如股价原来很便宜、位置较低或者K线形态上的突破等。但其根源只有一个，就是资金，也就是买入资金多于卖出资金，股价自然就容易涨，买入资金少于卖出资金，股价就容易跌。

但有一个问题是，直接测量市场中某一时刻的买入和卖出资金量极其困难，因为许多交易可能并未通过公开挂单的方式进行，而是通过场外交易、暗池交易或直接的协议交易完成。这些交易不会立即反映在公开市场数据中，使得实时监控和精确计算市场资金流向成为一项挑战。并且，单纯监测一天或者几个小时的挂单情况，对于价值投资来说作用也非常有限。

怎么办呢？我们只能通过各种手段去间接推测潜在的买入和卖出资金量，比如在什么情况下市场的潜在买入资金是最多的或最少的，在什么情况下市场的潜在卖出资金足够多或足够少，然后再去分析股价上涨下跌的难易程度。因此本书中所提到的技术指标有没有用，就取决于它能不能有效衡量潜在买入卖出资金的多少。

一、潜在买入资金的判断方法

那么，潜在买入资金取决于什么呢？其实取决于我们在上一章讨论的股票估值。有人可能会说他买股票从来不看估值，也有人会举例说市场中有很多比较贵的股票也一直在涨，似乎不符合估值原理。

接下来我们详细解释一下。实际上无论对于大机构还是散户，买入资金的多少都与股票的估值紧密相关。大机构就不用说了，像公募基金、外资等，通常基于深入的基本面分析进行投资决策，而分析的核心就是评估股票的内在价值，也就是估值。另外，大机构的资金量庞大，所以观察它们的资金流向也是我们判断买入资金的重点。

那么散户和游资呢？表面上他们是根据消息或看技术分析的结果来决定是否买入及买入多少的，但不要忽略了，正是因为这些消息或者技术分析的结果影响了他们对股票估值的判断，才促使他们做出了投资决定。

例如，当股票受到利好的影响时，游资和散户可能会认为该股票的价值增加，从而认为当前价格相对便宜。这种想法背后的逻辑是，利好使得股票的估值变得更加吸引人，因此他们会倾向于买入股票。

再比如，当某只股票的技术形态呈现出突破时（如股价突破压力位或技术指标出现金叉形态等），激进的散户可能会将其视为买入信号。这种行为背后的逻辑在于，突破形态表明市场对股票价值的共识正在上升，即看好公司未来的价值，因此增加买入资金。

因此，要判断潜在买入资金的多少，本质上还是要看股票估值。而关于股票估值的方法，前面已经深入探讨过了。

二、潜在卖出资金的判断方法

接下来我们主要探讨一下，如何通过技术指标判断潜在卖出资金的多少。

在判断股票的潜在卖出资金时，我们需要考虑持有该股票的投资者的卖出意愿。而根据投资者持有状况，我们可以将他们分为四类：

第一类，套牢盘——持有股票但处于亏损状态，等待解套的投资者。

第二类，投机盘——在价格高位刚刚买入，期待短期内获得利润的投资者。

第三类，获利盘——在价格低位买入，持有股票且处于盈利状态的投资者。

第四类，抄底盘——在价格低位刚刚买入，但尚未显著盈利的投资者。

那么这四类持股投资者的卖出意愿如何呢？

第一类投资者的卖出意愿通常最强，因为他们希望尽快解套，减少损失。当股票价格接近成本线时，他们的卖出意愿尤其强烈。

第二类投资者的卖出意愿也较强，因为他们通常有较高的持有成本，一旦市场有任何不利变动，他们可能会迅速卖出以减小风险。投机盘有一定的风险意识，但他们也可能存在强烈的侥幸心理，会因为短期投机心态而愿意承担更大的风险。

与前两类相比，第三类投资者的卖出意愿要弱一些，因为他们已经处于盈利状态。当股价接近或低于买入成本时，或者他们认为股价已经反弹到位时，他们可能会选择卖出以锁定利润。

第四类投资者的卖出意愿最弱，因为他们的买入价格较低，即便股价略有下跌，他们也不会急于卖出。只有当他们认为股价还会继续下跌时，才可能会选择卖出。

通过一只股票的持有者的状况，我们可以分析出很多内容，比如某只股票的被套牢投资者很多，就说明潜在的卖出资金是很多的，一旦该股股价有所反弹，就会有大量的被套牢投资者卖出，而卖盘的大量存在也会限制股价的上涨幅度。按同样的道理，一只股票在价格高位时如果存在大量的投机盘，其继续上涨的难度也往往比较大，原因是投机盘的卖出意愿也很强。

所以我们在判断股票的潜在卖出资金有多少时，首先需要了解当前持股者中，哪一类投资者占比最多。怎么去看呢？主要是通过技术指标，一般我们用筹码和成交量这两个指标就可以了。

以筹码为例，我们打开同花顺炒股软件，点开任意一只股票的K线图，都可以看到它在某一日的筹码分布图，如图4-1所示。

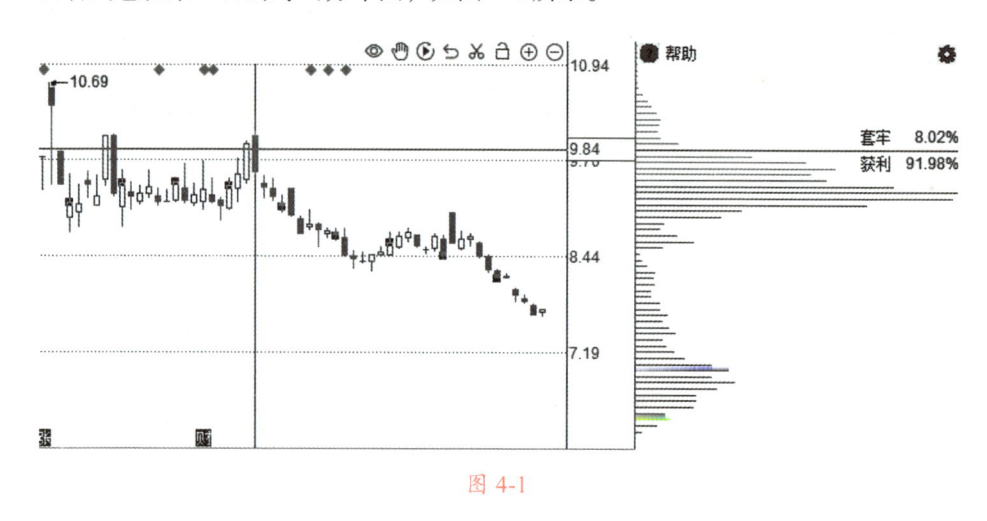

图 4-1

通过筹码分布图，我们可以清晰地看到个股的套牢盘有多少、获利盘有多少，也可以通过股价和筹码分布位置，来判断投机盘和抄底盘的多寡。如图4-2所示，筹码集中在股价高位区域，说明投机盘较多，而股价下跌后，这些投机盘就会变成套牢盘，潜在的卖盘压力巨大，所以这种筹码形态的股票是很难再涨上去的。

再来看抄底盘，其主要集中在股价低位区域，如图4-3所示。但这里要注意的是，虽然说抄底盘是卖出意愿最低的，但是意愿低不代表没有卖出的想法，因为当他们觉得股价还会跌的时候，就会开始抛售止损，从而进一步压制股价。

图 4-2

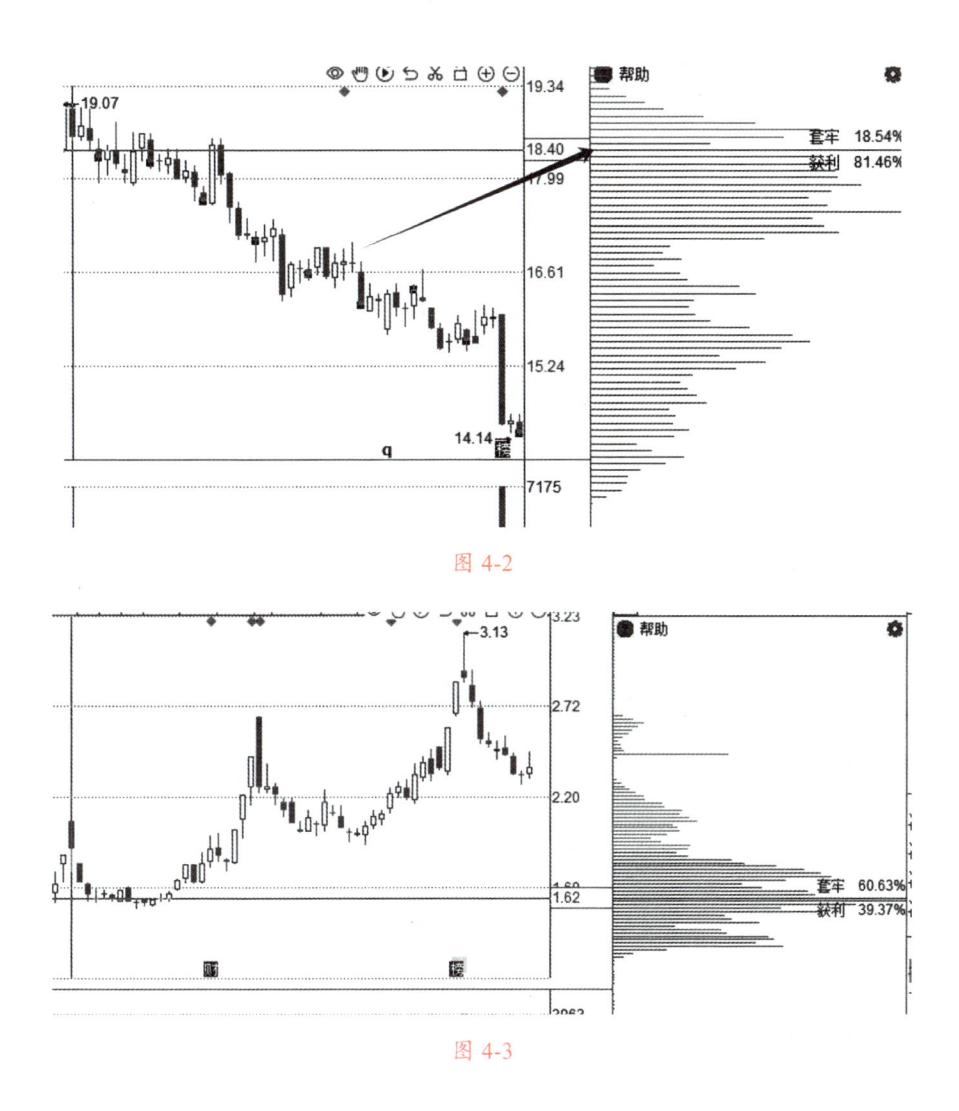

图 4-3

三、高位股和低位股

接下来我们看一下，对于高位股和低位股，应该分别用什么指标和角度去分析其卖盘抛压情况和判断后续行情。

所谓高位股，就是指价格处在高位的个股。对于高位股，我们主要关注在高位买入的投机盘情况。这些投资者可能在股价出现不利变动时迅速卖出。

所谓低位股，则是指价格处在低位的个股。对于低位股，我们主要关注套牢盘的情况。

我们先来分析一下低位股。

低位股的持有者主要是套牢盘和抄底盘。那么，如何判断低位股中短期是否有反弹潜力呢？此时成交量是一个关键指标。因为当一只股票经历大幅下跌后，大多数持有者都处于被套牢状态，即他们的买入成本高于当前股价。此时，如果出现放量下跌现象，就通常意味着一些被套牢投资者开始割肉离场，释放了潜在的卖出压力。如果成交量显著放大，但股价并未进一步下跌，则可能是市场抛压得到缓解的信号，预示着有短期反弹的可能性。

此外，我们还要考虑低位股的估值情况，如果估值足够低，就可以吸引抄底盘进入，同时抄底盘的卖出意愿会降低，这都有助于稳定股价。

总结起来就是，低位股中短期出现较大概率反弹的条件一般是成交量放量和估值较低，当套牢盘开始割肉释放抛压、抄底盘因估值足够低而卖出意愿不强，并且观望资金因为估值较低而大幅买入时，股价中短期的反弹行情就有可能随时到来。

如果希望遇到大级别的反弹行情，比如想涨 50%甚至股价翻倍，要看什么指标呢？主要是看筹码的位置。如果筹码没有在低位集中，哪怕经历了短期的放量，也仅仅代表了部分套牢盘割肉离场，但消化得并不彻底，潜在的抛压依然存在。只有经历一段时间的连续震荡或阴跌后，套牢盘才可能会失去耐心，或追逐市场中其他热点，选择割肉离场，此时筹码慢慢在低位集中，如果加上估值足够低，就非常有可能孕育大级别的反弹。

我们来看一些具体的案例。如泸州老窖（股票代码：000568）在 2022 年 10 月出现了放量下跌的行情，而且跌幅巨大，说明出现了一波集体恐慌性的抛售，股价立马降到阶段性底部，此时由于套牢盘割肉出局，卖盘压力消失，估值从当时的市场情况来看也是比较低了，因此反弹行情随时可能到来，并且反弹幅度也不会小，如图 4-4 所示。

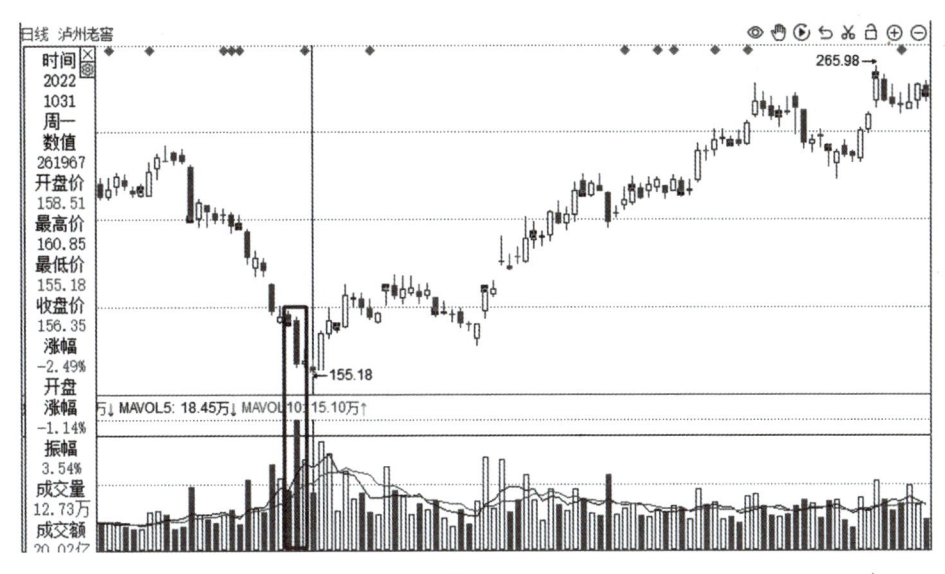

图 4-4

再比如特变电工（股票代码：600089），在 2022 年 1 月的时候，该股虽然也跌了很多，但是套牢盘一直大量存在（见图 4-5），因此从 1 月至 5 月，一直没有迎来股价的反弹。但是经过前期的震荡、磨底，在 5 月底的时候其套牢盘比例变小了，筹码开始大量集中在底部区域（见图 4-6），这说明该割肉的已经割了，此时抛压已经很小，之后便迎来了一轮大幅的反弹行情。

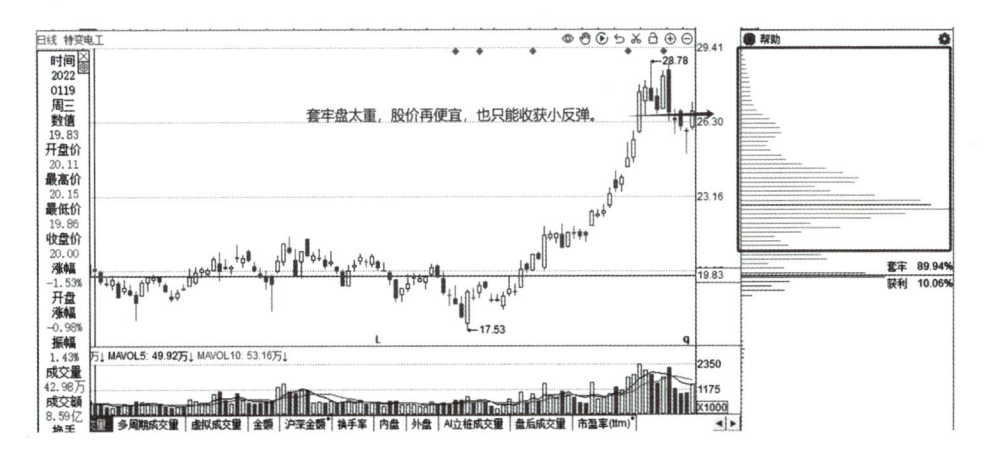

图 4-5

图 4-6

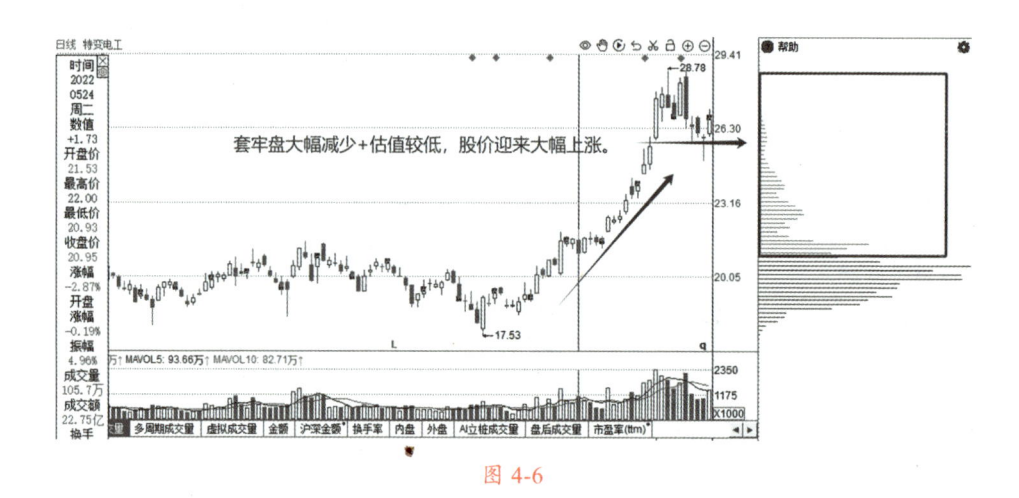

总结下来，对于低位股的小反弹、中短期反弹，我们主要看成交量指标；对于大级别的反弹，则要多看看其筹码的分布情况。当然，无论是对于小反弹还是大反弹，我们都要结合估值分析，才能进一步提高判断的成功概率。

接下来再看一下高位股的实盘分析和行情走势规律。

对于持有高位股的投资者来说，如果感到不安或担心市场回调，可以通过分析换手率成交量和估值来判断股票是否存在较大的卖出压力。如果股票没有足够的换手率和成交量，且估值也不是很高，则相对来说较为安全。但如果出现了极高的换手率，或估值已经比较高，甚至两者兼备，投资者就要小心了。

首先，当高位股出现极高的换手率时，通常意味着有大量投机资金进入市场，形成投机盘。投机盘往往追求短期利润，一旦市场有任何不利变动，他们就会迅速卖出以减小风险。因此，如果成交量显著放大但股价没有明显上升，就可能预示着市场抛压正在增加，投资者应警惕中短期的下跌风险。

其次，如果高位股的估值很高，就意味着股价已经超过了其内在价值，可能存在泡沫。在这种情况下，一旦市场情绪发生变化，股价可能会迅速下跌。因此，如果高位股的估值很高，投资者就应考虑适当减仓甚至果断离场，以规避潜在的市场回调风险。

最后，从筹码的角度来看，当筹码在高位集中时，意味着投机盘在增多，而获利盘则逐步出清，也就是说，大部分投资者的成本都在较高价位，如果此时股票估值很高的话，那么极有可能已经进入中长期大顶区域，一旦市场出现不利变化，这些投资者可能会选择卖出，形成巨大的卖出压力。对于持股投资者来说，此时市场已经过度乐观且存在大幅回调的风险，应考虑卖出。

我们来看一下具体案例。以岭药业（股票代码：002603）在 2022 年 12 月份的时候多次出现单日成交量突破 100 亿元，换手率也非常高的情况，这表明有大量的投机资金进入市场，增加了潜在的卖出压力，如图 4-7 所示。较高的换手率加上较高的估值水平，预示着市场情绪可能已经达到高潮，也说明股价已经达到顶部，随时可能出现回调，后面果然迎来一轮大跌行情。

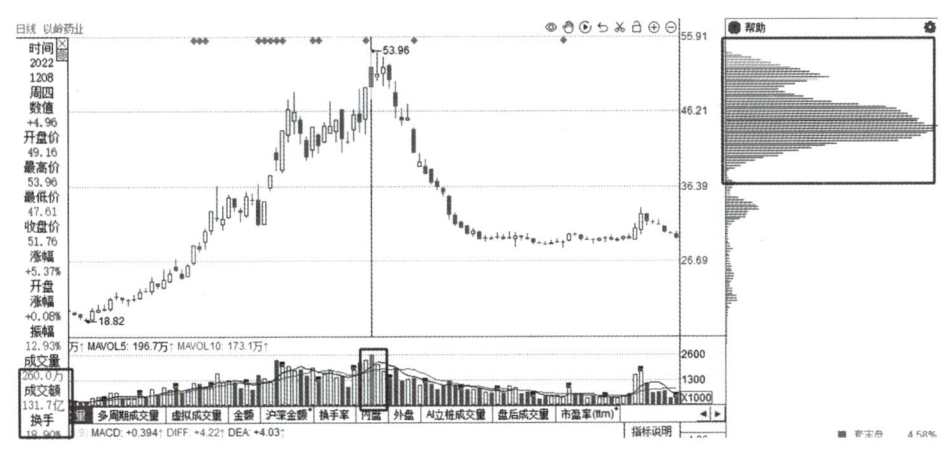

图 4-7

我们再来看一下首创证券（股票代码：601136）的案例，如图 4-8 所示，可以看到该股在 2023 年 8 月 16 日左右的筹码分布图中，出现了筹码高位集中的情况，叠加上巨大的成交额和极高的换手率，以及高估值的情况，很明显，该股顶部已经形成了。

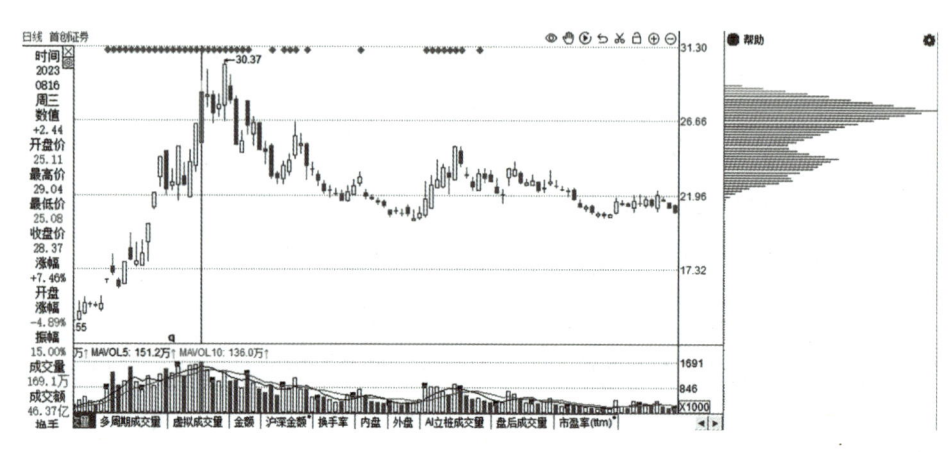

图 4-8

前面讲了这么多关于资金买入卖出的分析，介绍了成交量和筹码对于未来行情判断的方法，很多人可能会疑惑：这与市场情绪有什么关系呢？

原因在于，资金的流向，是判断市场情绪的一个主要指标，而成交量和筹码则是资金流向的外在表现，换句话说，成交量和筹码本质上是市场情绪的体现。

很多股票已经跌到了很低的估值，但依然没有止跌，原因就是市场情绪没有到达极度悲观的阶段，抛压没有彻底释放出来。此时，我们可以通过成交量和筹码这两个技术指标，有效判断投资者的情绪水平。

例如，当我们判断估值到了低水平而准备进行中短期抄底时，要继续等待股票在低位放出巨量，一旦放量则说明许多被套牢的投资者的情绪真正到了冰点，抛压得到快速释放，这才是股价的中短期底部区域，是较好的买入时机，而不是一开始我们通过理论计算的低估值价格。这种方法在熊市抄底时尤为适用。

同样，很多股票从理性的角度来看，已经出现了高估的情况，但股价却仍然往上涨，尤其是在大牛市的时候，原因就在于市场情绪还没有到极度乐观的阶段，因此仍有场外资金进入，继续推高股价。此时对于投资者来说，应利用成交量和筹码来判断市场情绪，把握主升浪行情。比如没有出现高位放量，或筹码还未在高位集中，股价就有可能继续上涨，所以尽量不要过早卖出——当然，出于谨慎原则可以边涨边卖，以控制风险。

由上面的内容我们看到，通过技术指标判断市场情绪的变化，结合估值分析，可以更准确地把握买入和卖出时机。

实际上，即使采用趋势投资或价值投资策略，技术指标的分析也有实际作用。因为技术指标的变化不仅仅是数字上的变化，它们反映了市场参与者的情绪波动，通过对这些变化的分析，可以更好地理解市场，从而为投资决策提供有力的支持。

探讨　市场情绪对不同股票的影响程度

相对来说，市场情绪对中大盘股票和小盘股票的影响程度是截然不同的，大多数小盘股票受市场情绪的影响会更大一些，毕竟这类公司之所以是小市值品种，主要原因在于公司本身盈利情况并不好，以至于市值始终处于较低水平。不过考虑到每只股票都由大量的投资者尤其是散户持有，因此要让这类股票退市又会造成较大的负面影响，由此便形成了资金借助消息面炒作小盘股的生态环境，而长期下来形成的所谓短期"赚钱效应"，又让很多散户趋之若鹜，以至于大多数人都认为只需要掌握情绪分析就能很好地进行股票投资。其实对于大多数真正具备盈利能力的股票，我们在操作时固然要从成交量以及筹码等角度去观察背后投资者的情绪状况，然而如果只是注重情绪分析，却忽略了估值判断，那就是舍本逐末。股价从中长期来看始终围绕着估值来回震荡，而市场情绪只不过用来测算它偏离合理估值的幅度。

在判断市场情绪的具体过程中，我们始终要以估值为核心，比如在下跌趋势中，不能简单地看到成交放量或者筹码低位集中就认为是市场情绪低位，固然这个时候可能会有超跌反弹，但如果估值仍然很高的话，那么同样也存在不会反弹继续杀跌的可能性，而一旦轻易抄底，就可能陷入深套，这在熊市当中经常会出现，因此熊市期间估值显得更为重要。

比如康希诺（股票代码：688185）在2021年9月初股价已经腰斩，

同时筹码也貌似在低位集中，如图 4-9 所示。很多投资者跃跃欲试想去抄底，全然不顾公司的估值水平仍然很高，而一旦抄底的话，初期的小幅亏损并不能让其及时醒悟，到了后面他们会越陷越深，以至于一个小小的失误就能酿成巨大的难以挽回的损失。

图 4-9

按同样的道理，在牛市期间如果只是观察成交量或者筹码，而忽视对估值的详细分析，那么可能在对小波段的把握上没有问题，但很有可能会错过后续的大涨。比如宁德时代（股票代码：300750）在 2020 年时股价持续拉升，打开其周线筹码分布图（见图 4-10），我们看到在 2020 年 9 月底的时候该股的筹码已经是高位集中了，这说明其股价在大涨了一轮后确实需要进行休整，但如果据此就认为已经到了头部，自然就错过了后续的大涨。

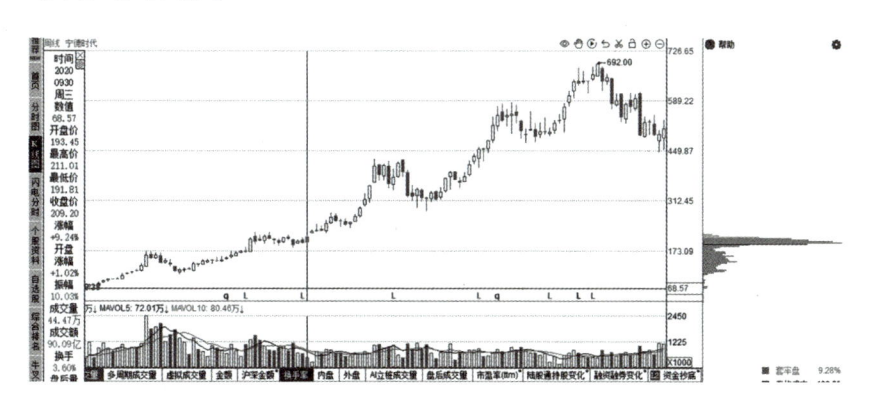

图 4-10

可以看出市场情绪和估值是影响股价的两个重要因素，彼此不能分开，但是投资者在具体把握过程中还是要把握好轻重和主次。

第二节　从市场全局判断市场整体情绪的冰点

前面讲了如何通过技术指标判断市场情绪，以及如何通过市场情绪来判断买进或卖出的时机，但正所谓"看大做小"，除了需要对个股的市场情绪进行判断外，对市场整体情绪的把握对于选择进场时机同样至关重要。

有时候，个股的技术面和基本面看起来都不错，但如果市场整体情况不太配合，那么重仓买入时亏损的概率仍然较高。因此，结合个股与市场整体情况，相对而言，胜率会更高。这一节我们来讨论一下市场整体情绪高低尤其是冰点的分析方法。

先要弄明白一件事，即为什么不应该仅仅根据个股本身的情况直接重仓买入。

首先，虽然我们之前讨论了经济周期、个股估值以及一些技术分析方法，但即使我们认为某只股票的估值足够低，并且看到了放量下跌的现象，如果仅凭这些信息去操作，也可能会出现较大的失误。原因很简单，因为估值本身并没有绝对的低估标准——如周期股，可能是在市净率 1.1 倍时形成底部，也有可能在 0.8 倍时形成底部。此外，技术指标也有其准确率的限制，筹码在高位集中时不一定是顶部，在低位集中时也不一定是底部。更重要的是，我们对公司的了解总是存在一定的盲区，何况有些"黑天鹅"事件是无法预见的。

因此，如果此时结合市场整体的情况以及相关个股的情况进行综合判断，胜率会更高。如果仅凭个股的估值和技术指标分析，可能胜率为 60%～70%，而结合市场整体情况进行分析，胜率可能会提高到 80%~90%。

其次，如果整个市场或关联公司都处于低位，我们选择一些优质的股票，可能会遇到大的机会，可以适当重仓买入。相反，如果没有形成共振，而只是一次较小的反弹，那么重仓买入的意义不大，甚至可能面临更大的系统性风险。这一点在熊市中尤为重要，甚至可以说是保命的法则。

以创业板指为例，我们可以看到，指数从 2021 年 7 月的 3576.12 点一路下跌到 2024 年 2 月的最低 1482.99 点，如图 4-11 所示。在这期间，如果不规避任何一次主跌浪，前期赚取的利润基本上都要回吐。事实上，许多散户正是在这个下跌过程中遭受了巨大的亏损。因此，规避系统性风险非常重要。

图 4-11

即使能在这个下跌过程中找到一些个股的机会，但由于大多数情况下投资者会持有几只股票，而这些股票中的大多数可能仍处于下跌趋势中，因此系统性风险对普通投资者来说也是极大的威胁。

因此，合适的进场抄底时机应当是在市场整体下跌风险非常小的情况下，至少短期内继续下跌的风险很小。同时，同行业或相关联的其他公司股价也应该大幅回落，而不仅仅是个股回落。最后，回到我们自己的备选股票，确认其技术面和基本面是否兼具优势。当这三个条件都满足时，我们的进场操作的胜率通常会非常高。

如果这三个条件都不满足，会怎么样呢？我们来看看宁德时代的例子。

如图 4-12 所示，宁德时代（股票代码：300750）经过前面几轮大幅的下跌和反弹行情后，从前期高点 377 元左右跌至 210 元附近，之后股价连续震荡了较长一段时间。从技术指标来看，2023 年 6—7 月该股的筹码多集中在低位区域，且不时也有放量下跌的情况；从估值的角度来看，此时其市盈率大概为 20 倍；从公司业绩来看，其 2023 年中报显示，营业总收入同比增长达 67.52%，公司业绩增速良好。

图 4-12

无论从基本面分析还是从技术面的角度来看，投资者都极有可能认为宁德时代此时处在一个大底的位置，并开始加仓或坚守，而且该股在 7 月底 8 月初确实反弹了，涨幅约有 10%，这似乎验证了这些投资者的判断，结果后面他们不知不觉就被套牢了。为什么会判断失误呢？我们可以看看宁德时代上游原材料供应商当时的情况，比如天齐锂业。前面我们提到过天齐锂业的案例，作为周期股，天齐锂业在 2023 年 7 月时的市净率依然维持在 2 倍左右，并且碳酸锂市场出现了严重的产能过剩，当时的碳酸锂价格为 20 万元/吨，但其成本可能低至两三万元/吨，所以它的下跌空间还是很大的，也就是说，2 倍市净率是很难见底的。而上游龙头公司的股票还没有见底，那么下游整车电池制造商的股票很难提前见底，整个板块的大机会就很难到来。换句话说，市场整体情绪还没达到冰点。

从图 4-13 中我们也可以看到，整个电池板块以及大盘指数都处于下跌趋势，佐证了市场整体情绪仍处于下行周期、远未到底的事实。

图 4-13

我们再以万科为例，如图 4-14 所示，打开同花顺软件查看万科 A（股票代码：000002）的周 K 线图，可以看到在 2023 年 9 月份，其股价回到了一个类似于之前快速下跌的底部的区域。这让人想起之前的两次经历——在 2022 年 3 月和 2022 年 11 月，每次股价跌至这个区间后，都会出现反弹，涨幅大约在几十个百分点。因此，一些投资者可能会认为这次也是一个不错的抄底时机，预期股价会像前两次那样反弹。

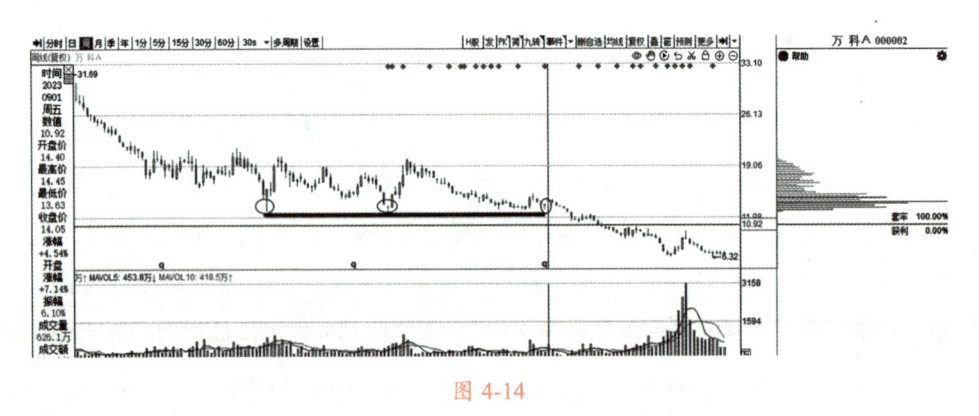

图 4-14

然而，实际情况并非如此。尽管从个股层面来看，似乎一切都没有问题——股价已经跌了很多，估值看起来也合理，技术指标也符合抄底的要求。然而一旦买入，投资者却发现结果并不如意。

同样，我们可以看一下当时同行业其他公司股票的情况，尤其是前期被爆炒的热点股，比如荣盛发展（股票代码：002146）。从图 4-15 中可以看出，该股自 2023 年 7 月起一路走高翻倍，到 9 月时它的股价还处于较高的位置，筹码也集中在高位，这说明整个房地产板块虽然有所回调，但很多股票的卖盘压力没有充分释放，仍有下跌的空间。

图 4-15

我们再看图 4-16，通过同花顺软件的叠加品种功能进行对比，可以看到，当时房地产指数以及大盘指数（深证成指）也明显处在下跌趋势中，此时投资者买进万科 A 的话，面临的系统性风险是比较大的。

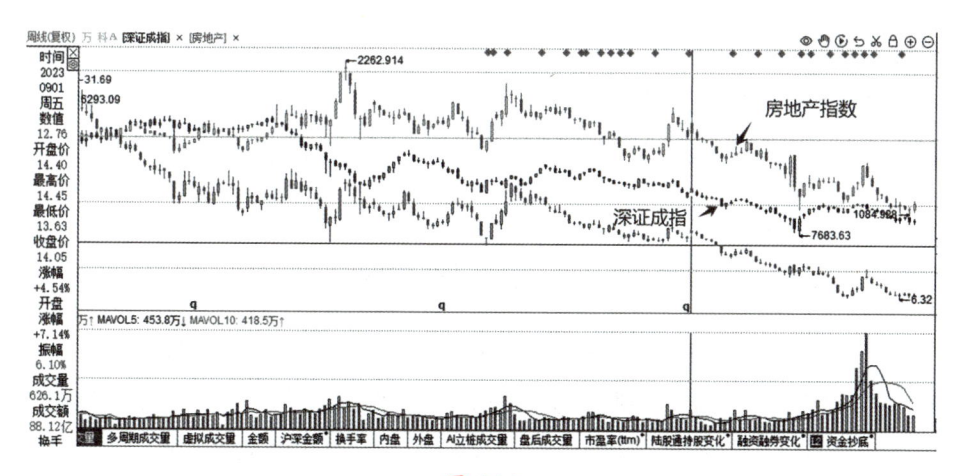

图 4-16

我们说市场整体情绪的冰点是买入优质股票的好时机,那么如何判断、捕捉市场整体情绪的冰点呢?通常可以根据以下三点。

第一,必须有重大的利空。这是非常简单但很多人始终想不通的道理。为什么要有利空才行?利好不行吗?利好不行,因为有利好时,市场整体情绪不会降至冰点。只有利空才能真正促使市场的抛压释放出来,导致大盘指数出现明显的放量下跌。因此,真正的大底通常伴随着重大利空,哪怕是中短期的底部,也会有一些利空出现。

第二,热点股的下跌。在达到市场整体情绪冰点之前,市场一定会有一些因题材炒作而产生的热点股。这些股票大多没有业绩支撑,而且被严重高估,在市场整体情绪降至冰点时会经历显著下跌。我们要等到这些热点股真正跌下来,即使不会跌得很透彻,但跌幅也能达到百分之二三十。如果它们都不跌,说明抛压根本没有释放出来,所以题材股的大跌是见底的必要条件。

第三,龙头股的下跌。热点股跌下来是理所当然的,但我们还要等优质股比如龙头股也开始下跌。为什么呢?因为题材而被资金炒作、股价不断拉升的热点股票,由于没有实际估值的支撑,必然会因为资金的撤离而出现下跌,但这并不能说明市场整体情绪到了冰点,而如果市场上公认的好股票,也就是那些行业龙头股开始下跌,则真正表明市场整体情绪已经极度悲观,尤其是一些龙头股出现放量下跌,意味着市场整体的抛压已经释放到了一个极限。而且这些股票本来对机构特别有吸引力,它们放量下跌到一定的估值水平,就会吸引观望资金的大举进场。总结下来就是,热点股的下跌说明抛压开始释放,龙头股的下跌则代表买入资金的增多。

以上三点全部具备的话,一般来说,市场整体情绪已经触及冰点了。

虽然我们给出了把握市场整体情绪冰点的方法,但在实战中想要运用并不容易,毕竟在利空面前和热点股大幅下跌时,大多数投资者会感到恐惧,而在龙头股放量下跌时,又有多少人敢于抄底呢?因此在本书的最开始我们就一直强调养成逆向思维的重要性,没有它,我们可能是不敢抄底的。

下面我们来看一个典型的案例。

2022年10月，当时市场中出现了一个重大的利空——由于秋季来临，新冠疫情开始在全国各地快速蔓延。疫情的加剧也开始影响到A股市场，如上证指数就出现了放量下跌的情况，如图4-17所示。

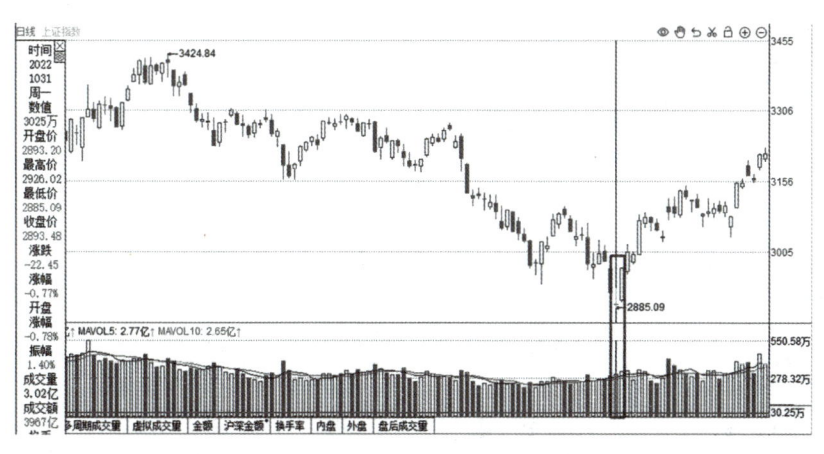

图 4-17

一些热点股也开始下跌，例如之前被炒作的5G概念股国脉科技（股票代码：002093）开始大幅下跌。如图4-18所示，2022年10月下旬，国脉科技连跌数日，而在此之前，国脉科技曾有连续8个涨停板，出现了被严重高估的情况。

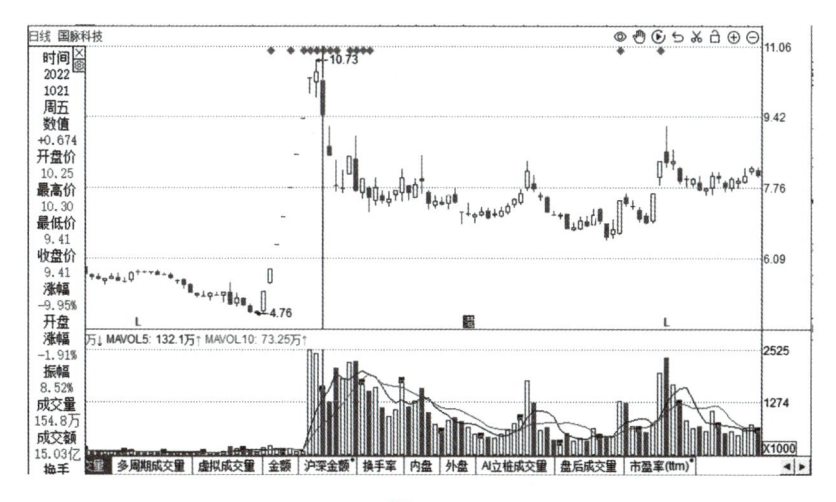

图 4-18

再比如同样是热点股的楚江新材（股票代码：002171），在2022年10月底出现连续跌停、大幅下跌的情况，如图4-19所示。而在此之前，虽然该公司2022年出现了业绩大幅下滑（净利润同比下降76.43%），但也经历了大幅反弹，成为市场热点。

图 4-19

前面说过，这些热点股票不一定要跌得很便宜，但它们一定要经历两三次跌停或下跌百分之几十。而当这种现象出现时，说明市场真的开始怕了，开始释放抛压了。

如果龙头股也开始下跌，而且是放量下跌，就是中短期见底的特征了。最典型的是白酒龙头贵州茅台（股票代码：600519），其在2022年10月份开始连续放量下跌，除权价跌到了1300多元/股（复权后在1260元/股左右），如图4-20所示。

图 4-20

再看券商龙头中信证券（股票代码：600030），其在 2022 年 10 月下旬也出现了连续放量下跌的行情（见图 4-21），市净率跌到只有 1 倍多，并且明显被低估，对观望资金来说非常有吸引力。

图 4-21

所以在 2022 年 10 月底，有重大利空时，热点股跌了，龙头股也跌了，说明此时市场整体情绪已经达到冰点，所形成的底部非常扎实，此时进场，赚到钱的机会是非常大的。

通过有没有利空、热点股和龙头股是否下跌到位这三个维度去把握市场整体情绪的冰点，同时关注同行业或相关联公司股票的走势情况，确实可以帮助我们提升操作的胜算，但问题在于，如何选择当时的市场热点股和行业龙头股，并对它们的估值有明确的判断呢？

首先说说热点股的选择。热点股通常是一些中小盘股票，因为短线游资倾向于炒作这类股票，这些股票的市值可能在几十亿元到一百亿元，短线游资很少去炒作一两千亿元市值的股票。所以如果只选择一两只热点股去判断市场整体情绪，很容易失效。所以在热点股的选择上，我们可以选择那些业绩最差、盘子相对较大、推起来特别难的股票，特别是那些高位换手率高和筹码在高位高度集中的股票，且多选几只进行观察，如果这些股票没有出现大幅下跌，就不用急于买入。相反，如果这些股票多数出现了大幅下跌，即使有一两只还比较坚挺，就说明抛压得到了释放。

其次是龙头股的选择。我们应该选择那些业绩增长很有确定性、备受市场关注的品种作为龙头股，通常我们可以选择那些受到机构资金青睐的行业如白酒、券商、半导体、有色金属、医药等，通过观察这些行业龙头股的走势，可以大致判断市场整体情绪的高低点。如果这些龙头股没有充分下跌，大机构资金可能不会进入市场，也就说明底部还未到来。

总结一下，这一节我们学习了市场整体情绪降至冰点的判断方法，我们应该在市场整体情绪处于冰点时寻找重大的抄底机会，而不是在市场整体情绪尚未到达冰点时重仓介入，从而提升投资的成功率。那么如何判断和应对市场整体情绪的高点呢？下一节我们继续讨论。

探讨　市场整体情绪判断在熊市中的重要性

如果说对市场整体情绪的判断在牛市行情中还不是特别关键的话，那么在熊市行情中则是至关重要的，因为处于熊市时，市场整体情绪往往处于低点，投资者信心不足，对市场前景感到悲观，市场交易也不活跃，此时去抄底的话毫无疑问难度是非常大的，一不小心可能就陷进去了。

但是看到那么多股票大跌了百分之几十，很多投资者可能又忍不住冲进去，此时我们就要清楚一点，那就是既然行情非常差，就有可能很多因素我们并没有考虑到，因此盲目冲进去抄底就很容易失败。毕竟当市场持续下行时，一定会有很多我们未曾料到的情况发生，这个时候我们就必须耐心等待，等到大部分风险都释放出来再进场抄底。

那么，大部分风险都释放出来的特征是什么呢？自然就是板块中大多数同类型股票同步出现了下跌，这个时候才是比较安全的，如果只是自己盯住的一两只股票跌到了自己认为的便宜价格，很可能是不够的。比如房地产行业，很多投资者认为万科A不至于跌到很低的水平，在20元/股左右"抄底"的投资者正是凭借着自己过往的经验，或者股票过往的走势特征做出判断，却没有看到房地产市场的基本面已经发生了翻天覆地的变化，众多城市的房价也出现了大幅调整，所以通过观察整个板块的其他股票的走势，往往能帮助我们及时走出自己的思维误区。

第三节　从市场全局判断市场整体情绪的高点

判断市场整体情绪高点的目的，同样是寻找到一个合适的卖点，以实现利益的最大化。因为对于股票投资者来说，炒股不仅要学会抄底，更要学会找到合适的时机卖出。

如何选择合适的卖出时机呢？通常来讲，合适的卖出时机有两种：一种是市场整体及同行业个股上涨的机会比较小时，也就是市场整体情绪到达顶点时；另一种是股价脱离低估区间而涨至合理甚至高估区间时，即价格到位时。

一般来说，在弱势行情中，只要具备以上任一个条件，就是合适的卖出时机，但在行情过热的牛市阶段，最好在以上两条同时具备时才考虑卖出，这样才能获得更大的收益。

怎样才能知道市场整体情绪已经到达高点、出现行情过热的情况了呢？同样有三大特征可以帮助我们进行判断。

第一，重大利好频出时。市场整体情绪跌到冰点时往往伴随着重大利空，与此相反，当市场整体情绪达到高点时，往往是因为有重大利好出现，让最后一批犹豫资金也追高进场。

第二，题材炒作盛行时。市场过热时，会出现各种题材炒作，很多绩差股也因此获得投机资金的大量涌入，导致其股价偏离其内在价值，此时抛压开始慢慢积累起来。

第三，行业头部公司的股票（龙头股）脱离了底部区间时。此时其股价大体反映了公司的内在价值，有的甚至被严重高估，对场外大资金的吸引力大幅减弱，股价回落的概率自然会提高。

如果市场出现以上三个特征，我们就可以基本确定市场整体情绪已经达到高点，可以考虑卖出股票了。但在实际操作中，在高点卖出是非常困难、非常"逆人性"的一件事。因为对于普通投资者来说，看到利好，第一反应肯定是股票会受到带动而上涨，因此选择的操作是买进或加仓而非抛售；如果看到某个题材被炒得很热，题材概念股噌噌往上涨，就总会眼热而忍不住去参与一下；如果看到龙头股也涨起来了，就会认为大牛市已经来了，更不可能选择卖出空仓操作。

所以说，在市场整体情绪高点时能够将卖出操作付诸实践，需要极强的逆向思维，而只有当我们真正从估值的角度去理解市场时，才能够树立起这种逆向思维，找到合适的卖出时机并付诸实践。

下面我们通过实际案例来说明，如何判断市场整体情绪是否达到高点，以及从估值的角度看如何选择卖出时机。

A股市场在2023年5月9日形成了年度高点，这一轮高点是由人工智能概念推动的。首先，市场中出现了大量的利好，如新老公司的模型陆续发布、大量资本介入人工智能赛道等，带动相关股票的上涨和指数达到高点，如图4-22所示。

其次，与人工智能相关的概念题材都被热炒。比如人工智能细分领域的AIGC（Artificial Intelligence Generated Content，人工智能生成内容）概念被热炒，与之相关的传媒股被大幅拉升——这些股票本已经失去了市场空间，但在当时却借助东风被炒作到了极高的价位，像长江传媒（股票代码：600757）5月9日之前录得5个涨停板；再比如影视股同样因为"沾"上了人工智能概念而被大幅拉升，如中国电影（股票代码：600977）。这些题材不断出现，说明市场真的是活跃起来了，投机资金进去了。在图4-23中，两股叠加显示。

图 4-22

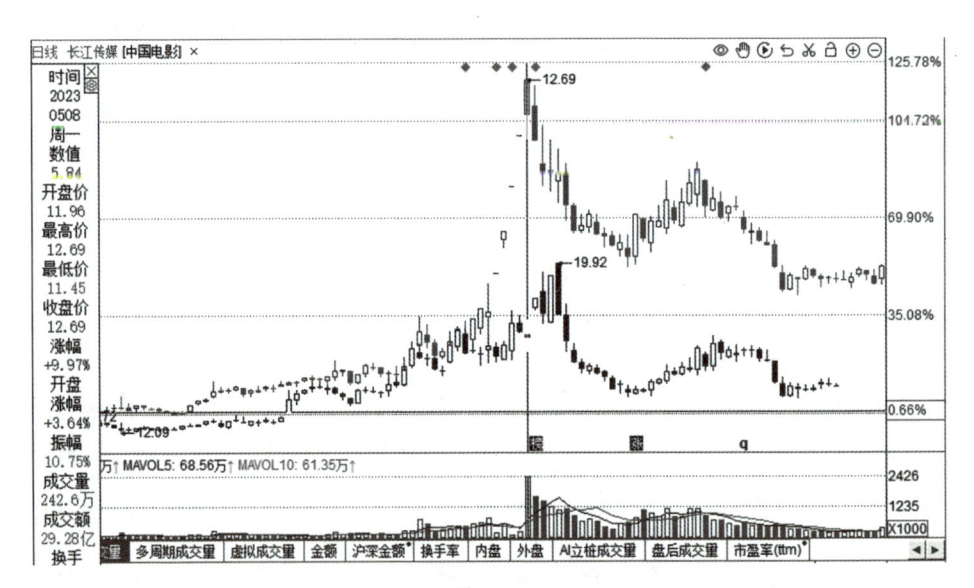

图 4-23

最后，行业龙头股也涨上来了。比如中科曙光（股票代码：603019）作为人工智能算力领域的龙头股，股价从低位一路上涨，翻了1倍多，而且成交量明显放大，不论从估值还是从技术形态来看，见顶迹象明显，如图 4-24 所示。

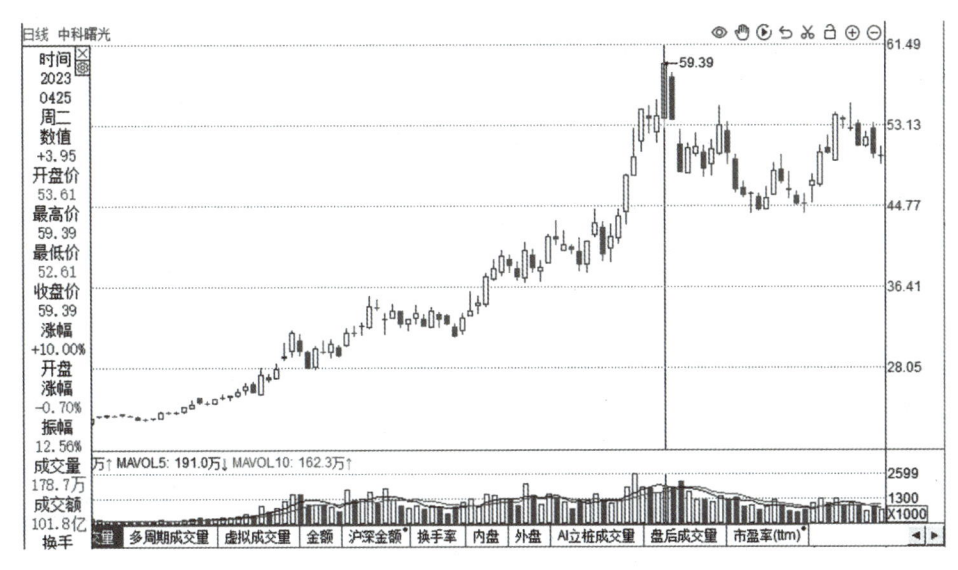

图 4-24

另一个人工智能龙头股海光信息（股票代码：688041）则更加明显，其从低位上涨的幅度接近 2 倍，市盈率更是达到了 200 倍，处于明显被高估状态，如图 4-25 所示。

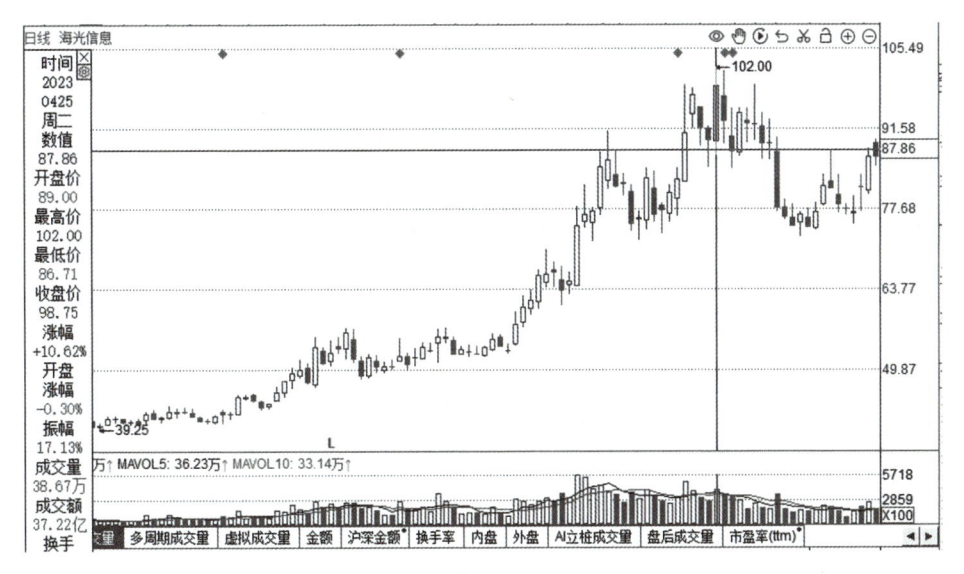

图 4-25

其他行业的优质龙头股也上涨了，如券商板块的中国银河（股票代码：601881），股价在 5 月 9 日当天接近涨停，换手率也非常高，市净率达到 1.6 倍，如图 4-26 所示。其单日成交额更是高达 50 多亿元，这表明大量资金都认为牛市即将到来，在寻求快速获利的机会。

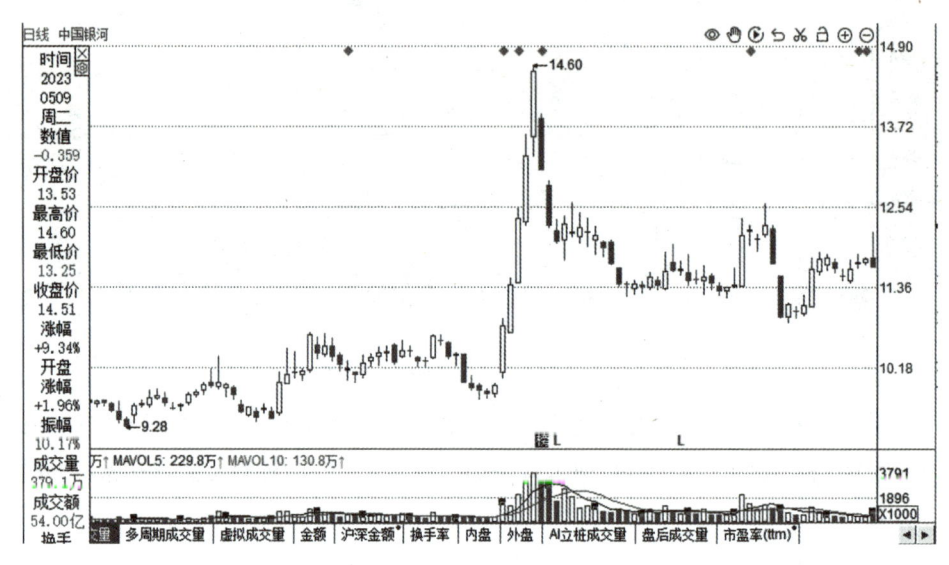

图 4-26

总体来说，此时的市场中，该涨的都涨到位了，该炒的也炒起来了，基本上已经到了市场整体情绪的高点，这个时候就是卖出的最佳时机。

通过以上三个特征——重大利好频出、题材炒作盛行以及优质龙头股上涨，我们可以判断市场整体情绪已经到达高点，再结合对股票估值的分析，就能把握合适的卖出时机。

前面说过，在强势行情中，最好等待两个条件——股票价值被高估与市场整体情绪高涨同时满足时再考虑卖出，这样可以获得更多的收益。那么在弱势行情中，一般来说市场整体情绪并不高，所以主要还是靠对估值的分析来把握卖出时机。

在弱势行情中，想要把握住波段性的投资机会，就需要在低位也就是便宜的价位买进，在股票估值到达合理区间的时候卖掉，赚百分之几十的收益也是非常不错的。

我们还是以泸州老窖（股票代码：000568）2022年9月—2023年6月的股价为例，如图4-27所示，其股价从2022年9月底开始急速下跌，在10月底跌到150元/股左右时开始反弹，此时我们可以通过DCF估值法对该股进行估算，如以2022年的预测利润为基础，当时市场对高端白酒的预期还是比较乐观的，所以保守起见，将其未来10年的年均增长率设定为3%，计算出的合理价格为144元/股左右，与实际最低价150.96元/股较为接近，这意味着该位置已经释放了大部分抛售压力，因此在150元/股这个位置附近可以考虑买入。同样，根据DCF估值法，如果乐观一些，按照未来10年每年10%的增长率来计算，泸州老窖合理的股价应该在250元/股左右，而实际上其股价在2023年2月份也涨到了260元/股左右，说明此时已经不便宜了，意味着到了卖出的时机。

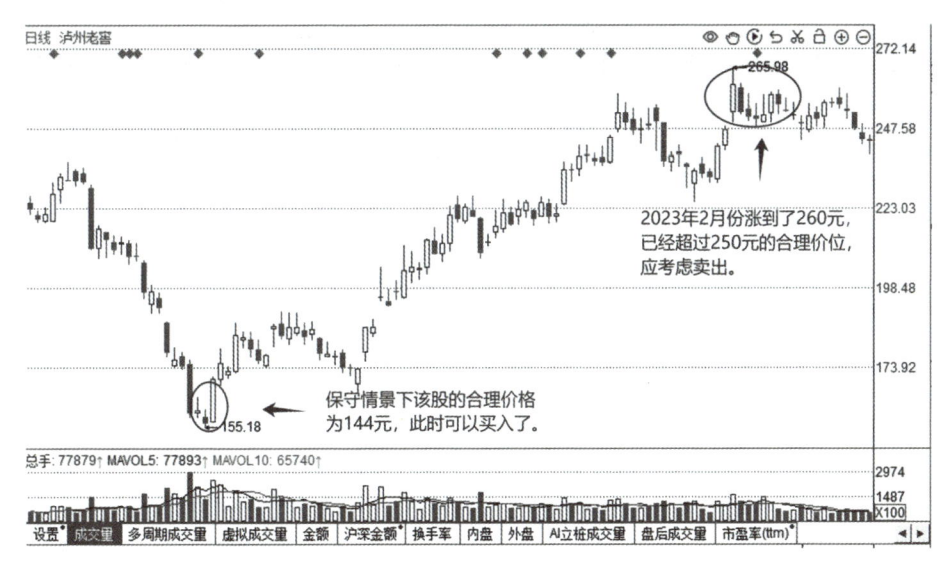

图 4-27

但如果所持有的股票没有涨到合理目标，市场整体情绪也没有到达高点，那就不要急于卖出。很多投资者尤其是散户，在经历了下跌行情后，往往急于解套卖出，稍有反弹就过早地卖出股票，错失了更大的获利空间，这也是散户大赔小赚的原因。所谓"会买的是徒弟，会卖的才是师傅"，就是这个道理。

这一节乃至这一章的内容，从明面上看是对市场情绪的把握，但实际上讲的是股票交易的择时方法，即如何找到合理的买卖时机。通过技术分析判断个股市场情绪高低及背后潜在资金流向情况，通过市场全局判断市场整体情绪的高低，可以找到抄底的好时机，也可以大大提升逃顶卖出的成功率。

其实炒股不需要进行太多操作，我们希望投资者每一次操作，成功率都尽可能地高，确保抓住一些真正的好机会——比如说当市场整体情绪处于低位，且个股估值和市场情绪也处于低位时。

接下来，我们将从选股的角度，告诉读者如何通过跟踪机构持仓，寻找到具有真正好机会的潜力股。

探讨　牛市行情中的市场情绪把握

在牛市的高位阶段，大多数股票都会处于被高估状态，所以如果操作过于理性，是很难在牛市中大幅获利的，因为没有市场情绪的高涨就没有牛市行情。因此对于牛市行情中的市场情绪判断需要从综合角度去把握。一方面，我们可以运用前面说到的估值以及筹码等方法，如果股价仍处于不算明显被高估的水平，并且筹码也没有大幅高位集中，那么自然就没到牛市顶点，此时也不用急着卖出。另一方面，我们对市场上行的时间周期也要有基本的把握，比如行情从底部开始上行一两个月，而且牛市特征也非常明显，那么大趋势也是不会轻易结束的。

2024年9月底，A股市场开启了一轮大幅反弹行情，这轮行情与1999年的"5.19行情"非常类似，基本上都受到了经济下行背景中的政策驱动。启动初期我们可以看到券商股出现了连续涨停的走势，比如华泰证券（股票代码：601688），该股最低时仅仅不到12元/股，市净率也非常低，而哪怕是涨到了20元/股，其市净率也仅为1倍左右。

这个估值水平显然与2021年以及2015年期间的2倍和3倍市净率水平差距明显，这也就意味着股价的最高位可能还是没有出现。当然，如果后面再次上涨，或许需要较长时间的震荡蓄力，但从估值水平来看基本上可以做出上述判断。

投资者在对牛市行情把握的过程中最好从多维度进行，否则仅仅看一个指标，对于把握大趋势作用有限。

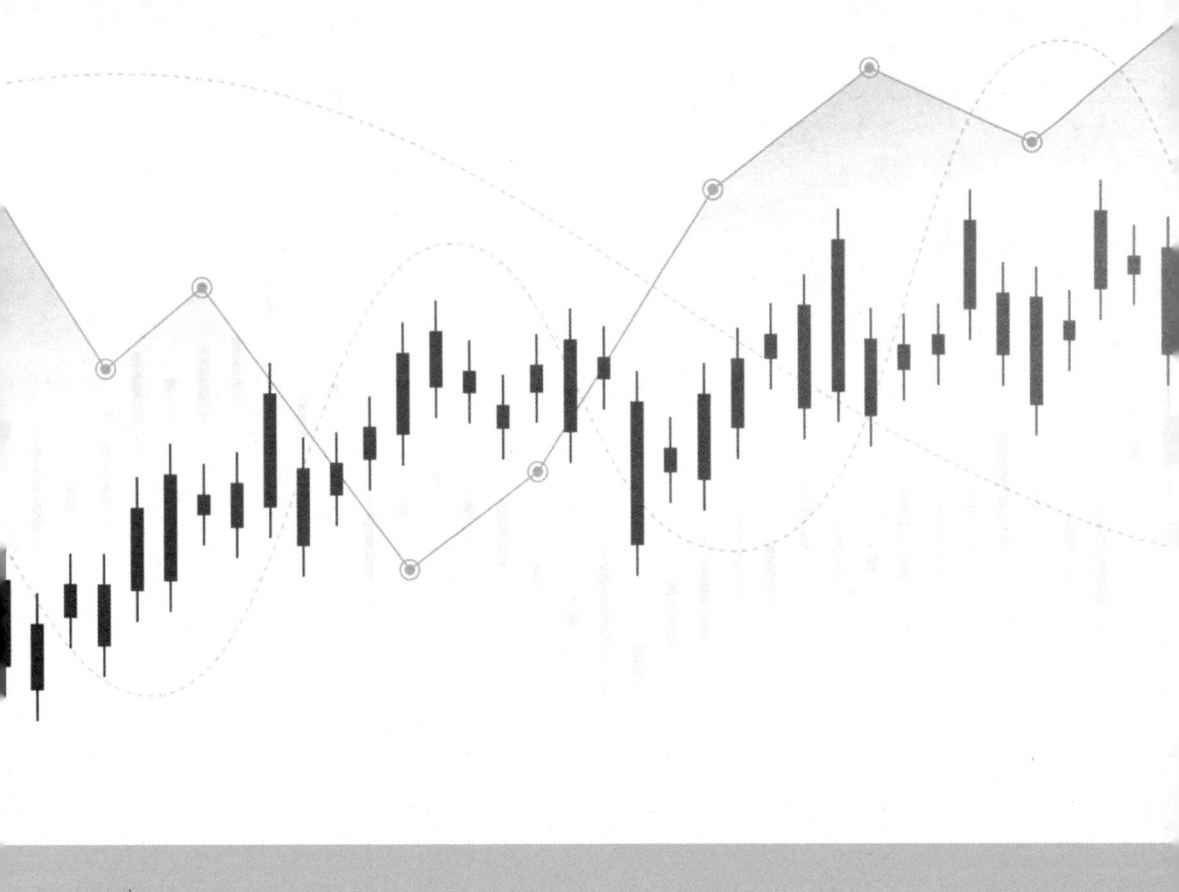

第五章
跟踪主力选股的实战方法

每个投资者都有自己的选股方法，这些方法可能侧重于消息面、技术面或基本面。然而，无论采取何种方法，最终的目标大致相同：一是确保股票的回撤幅度有限，二是确保股票的上涨潜力较大。

　　本书推荐的选股方法有两个。一个是前面提到的，直接通过估值判断股票是否具有盈利空间，选择那些内在价值明显高于当前市场价格的股票。第二个就是通过跟踪机构的持仓、重仓情况，再对个股进行估值分析，从而快速地选出具有上涨潜力的股票。

第一节　跟踪机构持仓选出潜力股

跟踪机构持仓，其实是一个帮助我们筛选股票的过程。说到底，股票的上涨往往离不开资金的支持。即便是看似基本面良好的股票，如果没有资金的关注，也可能难以上涨；反之，即使基本面看起来不佳的股票，如果有大量资金流入，也可能出现上涨。而跟踪机构，就是跟踪机构的资金流向。

不同类型的资金有不同的选股思路，短线资金（如游资）更多关注短期机会，它们推动了短期行情，而机构投资者则倾向于中长期布局，影响的是中长期行情。所以跟踪短线资金，比如"牛散"、知名游资，可以获得短线的一些机会，而跟踪机构投资者的持仓，可以找到具有稳定增长潜力的股票。

但是，跟踪短线资金的风险极大，很多游资的风格是来得快去得也快，散户很容易就亏损了——这与炒股技术好坏无关。

所以选择跟踪短线资金还是跟踪机构，其实完全看投资者的风格和市场的运行状况。如果想要挣快钱，而且对自己的技术有信心，投资者可以适当地跟踪游资。当然，这里也有时机的选择技巧。什么时机最好呢？在市场缺乏主流机会，即权重板块涨不动的时候，跟踪短线资金主导的个股，可能会有较好的效果。相反，当权重板块的龙头股票变得非常便宜时，应该跟踪机构投资者如社保基金、公募基金等，因为这些机构往往能在市场处于低位时发挥主导作用。

下面我们来具体看看如何跟踪机构进行潜力股的筛选。

首先我们来看机构的选择。

A股的机构投资者主要包括保险公司（险资）、养老基金、社保基金、投资基金（包括公募基金和私募基金）、证券公司（券商资管）、银行机构、外资机构（北向资金），以及以证金、汇金为代表的"国家队"。

但一般来说，我们会选择公募基金作为跟踪对象（考虑到公募基金的公开性，本书中也以基金持仓来指代公募持仓、机构持仓），原因在于公募基金的持仓情况是公开透明的，而且信息披露比较规范、准时，根据中国证监会的规定，公募基金需要披露季报、半年报和年报，其中季报在每个季度结束后的15个工作日内需要披露完成，披露内容为前十大重仓股，也就是每年的1月、4月、7月和10月的20日前后，我们可以看到公募基金季报的披露。

此外，我们可以把北向资金作为跟踪对象，因为北向资金被誉为"聪明的钱"，偏好行业前景比较好、风险较小、具有长期投资价值的股票，是投资的风向标，而且北向资金的披露也非常及时和频繁，便于跟踪。但正因为其波动较为频繁，所以我们认为，跟踪北向资金不能只观察一两天的情况，而要观察最近一个月甚至几个月整体的买入情况和卖出情况。

那么，如果以公募基金作为跟踪对象，我们该如何进行跟踪呢？

跟踪的逻辑其实很简单，我们只需要着重关注公募基金加仓或重仓个股较多的行业，规避那些公募基金减仓或清仓个股较多的行业。

具体怎么做呢？我们可以在每个季度公募基金季报披露之后，通过当前市面上常用的一些金融数据工具进行查询和统计，比如使用同花顺iFind金融数据终端，就可以详细查到不同报告期上市公司的基金持仓情况，如图5-1所示。

表5-1就是我们在iFind金融数据的基础上，统计的2023年第四季度部分A股上市公司基金持仓数据表，这张表格里包含了上市公司股票的持仓基金数、与上个季度相比持仓基金数增减等数据。

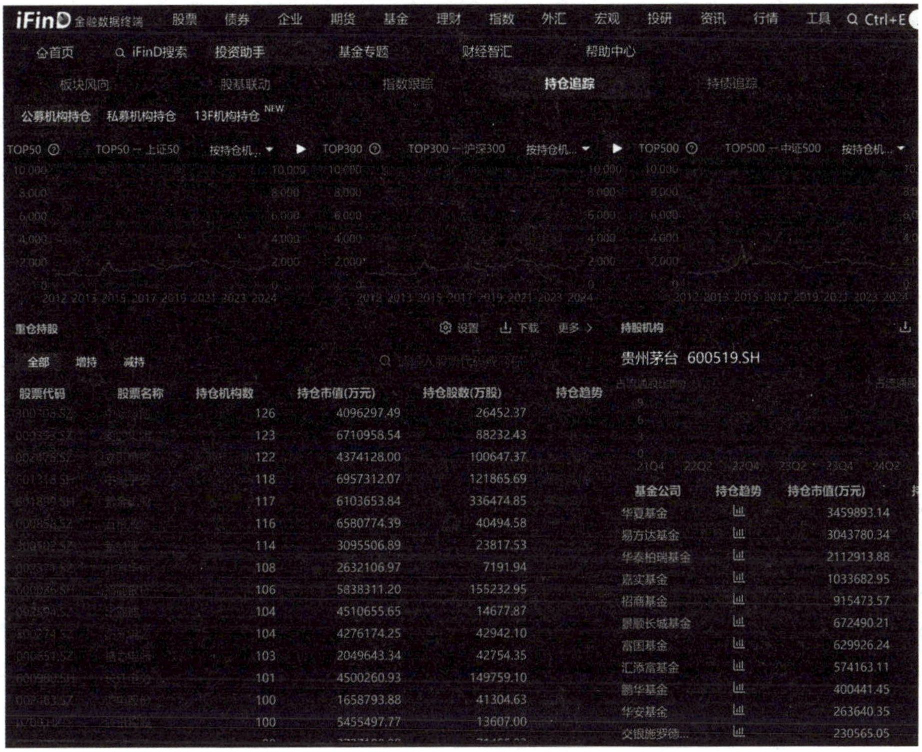

图 5-1

表 5-1

报告期	证券简称	所属行业	持股市值/亿元	占流通股比/%	持筹增减/%	基金数/家	基金增减/家
2023/12/31	华测检测	综合	27.73	12.92	−17.46	32	−39
2023/12/31	苏试试验	综合	5.26	5.72	13.53	49	15
2023/12/31	信测标准	综合	2.25	11.83	−61.77	8	−14
2023/12/31	谱尼测试	综合	0.64	1.52	−75.70	4	−21
2023/12/31	中汽股份	综合	0.09	0.19	−1.83	3	1
2023/12/31	国检集团	综合	0.05	0.08	−18.93	3	0
2023/12/31	广电计量	综合	0.03	0.05	0.00	6	6
2023/12/31	西高院	综合	0.03	0.23	452.55	2	0
2023/12/31	南京新百	综合	0.00	0.01	−13.81	2	1
2023/12/31	悦达投资	综合	0.00	0.00	0.00	2	2
2023/12/31	中机认检	综合	0.00	0.02	0.00	1	1
2023/12/31	百通能源	综合	0.00	0.00	0.00	1	1

续表

报告期	证券简称	所属行业	持股市值/亿元	占流通股比/%	持筹增减/%	基金数/家	基金增减/家
2023/12/31	安邦护卫	综合	0.00	0.00	0.00	1	1
2023/12/31	绿的谐波	电子设备	36.42	20.71	283.71	110	83
2023/12/31	赛腾股份	电子设备	18.93	14.17	47.35	37	19
2023/12/31	杰普特	电子设备	9.58	11.02	16.55	70	35
2023/12/31	华工科技	电子设备	8.06	2.72	−8.63	43	−19
2023/12/31	锐科激光	电子设备	4.85	4.09	35.97	13	−3
2023/12/31	博众精工	电子设备	4.56	14.58	0.00	16	16
2023/12/31	禾川科技	电子设备	3.41	8.09	501.01	13	9

同时，通过对行业进行分类，我们还可以观察到哪些行业被加仓，哪些行业被减仓，哪些行业被重仓，哪些行业被清仓，从而更加直观地看出哪些行业获得了基金的青睐。

如果说一个行业板块中的很多股票都被加仓或重仓了，而且这些股票都很便宜，那么这个板块成为龙头板块的概率自然会高一些。相反，一个行业板块中，被基金加仓或重仓的个股很少，甚至出现了基金减仓、清仓的情况，则说明该板块整体处在下行周期内，有潜在的下跌风险。被基金清仓、减仓的个股，建议投资者不要轻易买入，除非估值特别便宜。

怎么看加仓和重仓呢？加仓比较容易理解，只要对比个股上一季度的基金持股情况，如果基金增持幅度超过10%，那么就可以视为基金加仓。一般来说，加仓越多越被看好，一旦增持幅度超过50%，则说明基金强烈看好该个股。

重仓怎么判断呢？主要看两点，一个是基金数较多，一个是基金持仓占流通股比例超过5%——虽然没有绝对的标准，但占流通股太低（如1%）或太高（如30%）都不适宜。通常认为，20%以下的占比更为理想。

下面我们以案例来说明跟踪机构持股选股的具体操作方法。如表5-2所示，在2022年第一季度我们观察到，许多新能源板块股票如宁德时代等，持筹增减均为增加，基金数也大多是增加的，说明整个板块处于公募基金加仓状态，而且仓位都比较重，为 10%~20%。也就是说，在当时以公募基金为代表的机构投资者是比较看好新能源板块的未来上涨空间的。

表 5-2

报告期	证券简称	所属行业	持股市值/亿元	占流通股比/%	持筹增减/%	基金数/家	基金增减/家
2022/3/31	宁德时代	电源设备	1454.38	13.92	9.31	1905	232
2022/3/31	隆基股份	电源设备	608.95	15.58	1.57	933	16
2022/3/31	阳光电源	电源设备	248.63	21.15	−3.50	281	−128
2022/3/31	通威股份	电源设备	186.75	9.72	21.30	267	76
2022/3/31	天合光能	电源设备	139.13	18.22	12.86	200	24
2022/3/31	中环股份	电源设备	124.65	9.63	86.47	236	90
2022/3/31	福斯特	电源设备	121.93	11.30	4.13	189	−11
2022/3/31	晶盛机电	电源设备	69.79	9.63	52.07	108	1
2022/3/31	锦浪科技	电源设备	44.59	8.80	218.68	71	24
2022/3/31	晶科能源	电源设备	33.35	20.65	0.00	129	129
2022/3/31	新雷能	电源设备	20.00	20.26	25.16	32	1

我们挑选基金加仓幅度比较大的个股——中环股份（如今改名为 TCL 中环，股票代码：002129）来复盘一下。2022 年第一季度公募基金持仓情况披露日期是在 4 月份，如果此时关注到公募基金持仓增加的信息并买入中环股份的话，差不多是在一个低点的位置，如图 5-2 所示，股价在 2022 年 4 月 27 日触底后迎来反弹，之后一路上涨，至 2022 年 7 月初来到阶段性高位。如果操作得当，投资者可以获得百分之五六十的收益。

但是到了 2023 年第三季度，同样是新能源板块，我们发现情况截然相反（见表 5-3），除了少数股票被基金加仓，大多数股票都处于基金减仓的状态，而且减仓幅度还不小，如容百科技减仓幅度达到了 76.29%，天赐材料减仓幅度为 36.22%，而基金持仓数也是减少的，这就说明大多数公募基金都认为该板块存在风险。如果此时投资者还冒险进入，很有可能被套住。

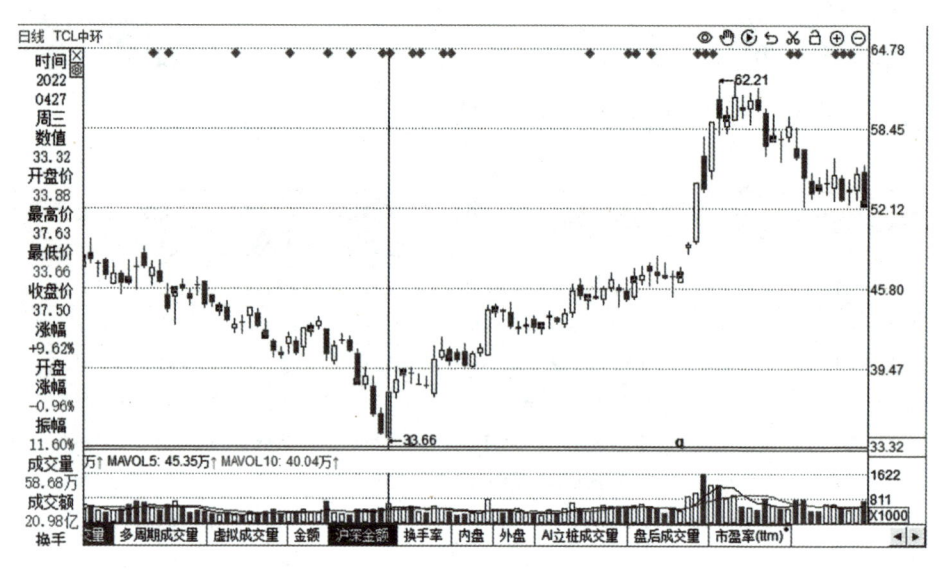

图 5-2

表 5-3

报告期	证券简称	所属行业	持股市值/亿元	占流通股比/%	持筹增减/%	基金数/家	基金增减/家
2023/9/30	新宙邦	电池	52.96	22.52	1.88	94	−16
2023/9/30	亿纬锂能	电池	143.53	17.27	−6.95	202	−60
2023/9/30	聚和材料	电池	4.29	15.07	44.89	15	−14
2023/9/30	宁德时代	电池	999.63	12.78	−2.09	1431	−137
2023/9/30	星源材质	电池	18.47	12.41	−24.73	8	−10
2023/9/30	南都电源	电池	13.54	11.56	−25.86	19	−6
2023/9/30	天赐材料	电池	41.46	11.19	−36.22	67	−77
2023/9/30	当升科技	电池	20.97	10.31	−1.374	15	−6
2023/9/30	璞泰来	电池	58.47	10.02	−14.79	50	−40
2023/9/30	容百科技	电池	10.95	9.32	−76.29	9	−3
2023/9/30	恩捷股份	电池	40.86	9.27	−24.70	61	−53

例如天赐材料（股票代码：002709），在基金持仓信息刚披露的 2023 年 10 月底，股价在 28 元/股左右，若此时买进，在经过一轮短暂震荡后，股价一路下跌至 2024 年 2 月的 16 元/股左右，投资者中途没有割肉的话，那就损失了 50%，如图 5-3 所示。

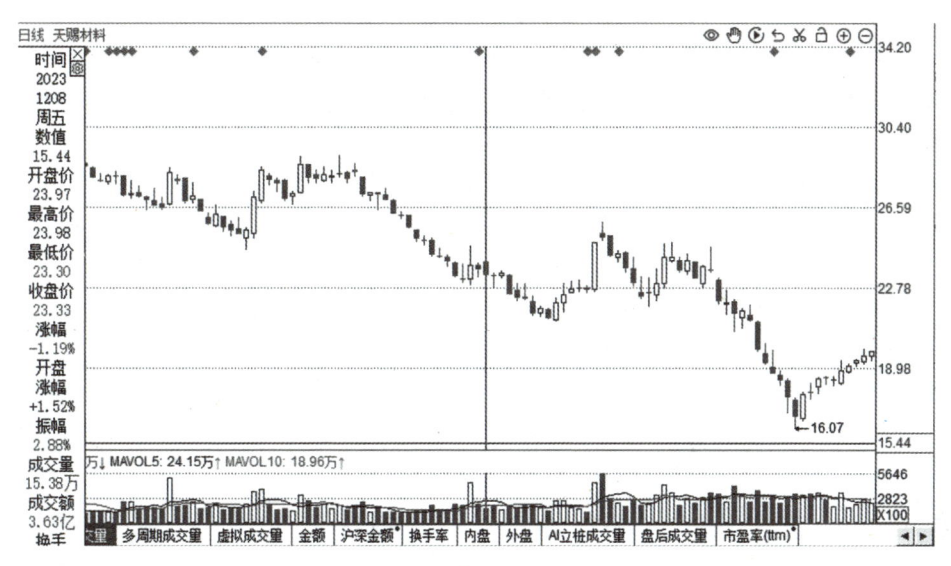

图 5-3

因此，对基金减持变化情况的分析，可以帮助我们规避一些重大的风险。

比如电子设备板块，在 2022 年第三季度也是遭遇了基金减持（见表 5-4），像海康威视、歌尔股份等板块龙头股，无论是基金持股比例还是基金数都降低了，说明该板块有很大概率是处于下行周期的。

表 5-4

报告期	证券简称	所属行业	持股市值/亿元	占流通股比/%	持筹增减/%	基金数/家	基金增减/家
2022/3/31	海康威视	电子设备	343.19	9.15	−9.66	465	−94
2022/3/31	立讯精密	电子设备	275.88	12.29	−15.07	498	−164
2022/3/31	亿纬锂能	电子设备	262.32	17.68	−11.64	371	−166
2022/3/31	闻泰科技	电子设备	116.87	15.35	−9.30	135	−73
2022/3/31	璞泰来	电子设备	111.66	11.46	12.84	153	47
2022/3/31	歌尔股份	电子设备	94.44	9.35	−34.23	244	−201
2022/3/31	天华超净	电子设备	43.23	14.11	10.65	97	26
2022/3/31	科达利	电子设备	42.35	18.59	103.24	54	13
2022/3/31	欣旺达	电子设备	42.03	10.40	−41.17	46	−57
2022/3/31	嘉元科技	电子设备	33.92	21.72	6.91	35	5

具体来看海康威视（股票代码：002415）的日K线图，如图5-4所示，持仓披露是在2022年4月底，此时海康威视刚好处在下跌中继震荡阶段，如果这时候进去，马上会遭遇一轮急速且持久的下跌行情。

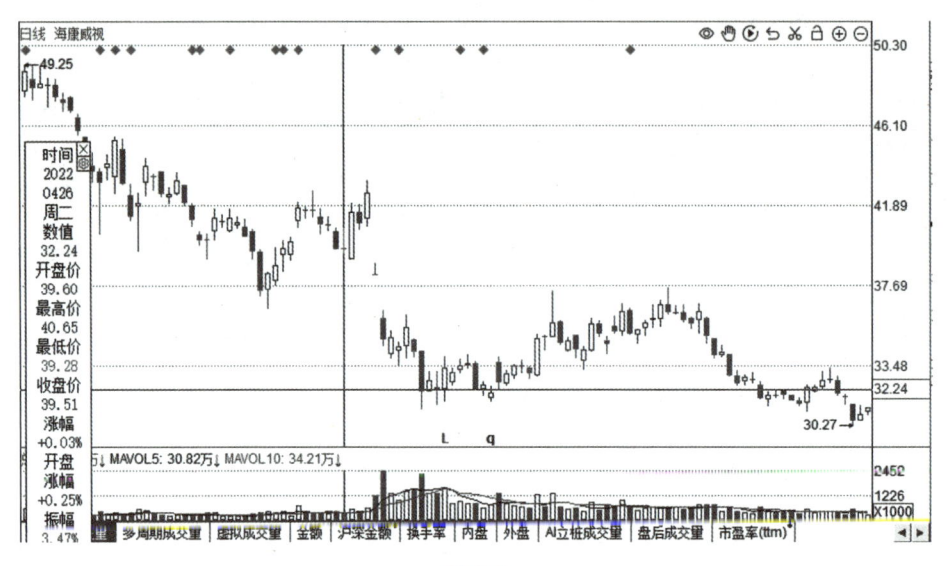

图 5-4

我们再来看2021年第三季度房地产板块的基金持仓变化情况（见表5-5），整体来看该板块内的股票都是被基金加仓的，基金数也是增加的，说明以公募基金为代表的机构认为该板块在未来蕴藏着整体性的机会。

表 5-5

报告期	证券简称	所属行业	持股市值/亿元	占流通股比/%	持筹增减/%	基金数/家	基金增减/家
2021/09/30	保利发展	房地产	158.43	9.43	96.45	312	172
2021/09/30	万科A	房地产	151.14	7.31	18.13	281	5
2021/09/30	金地集团	房地产	24.80	4.91	84.71	67	29
2021/09/30	新城控股	房地产	22.37	2.66	−2.03	40	3
2021/09/30	招商积余	房地产	20.97	20.17	254.54	19	6
2021/09/30	招商蛇口	房地产	20.88	2.04	223.35	79	60
2021/09/30	万业企业	房地产	16.15	6.27	3543.57	20	19
2021/09/30	华侨城A	房地产	13.95	2.64	59.70	27	2
2021/09/30	新大正	房地产	8.04	31.69	10.73	21	2

这时候——也就是持仓情况披露的 2021 年 10 月底——如果结合估值情况买入房地产股，比如招商蛇口（股票代码：001979），虽然它还在调整，但马上就触底反弹，只要一直持股几个月，就能大赚一笔，如图 5-5 所示。

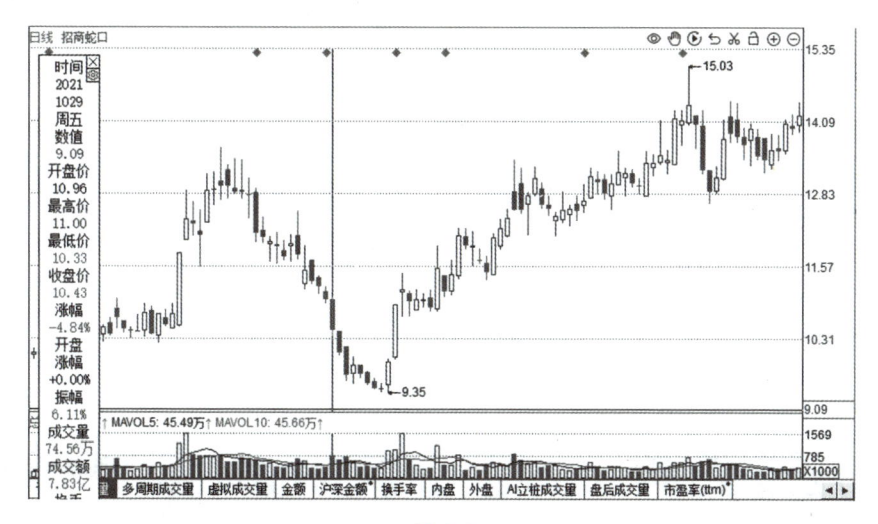

图 5-5

再举一个例子。如表 5-6 所示，2022 年第一季度的煤炭板块，无论是基金持股情况还是基金数，大部分都是增加的，而且是大幅增加，这说明机构极度看好该板块未来的上涨潜力。

表 5-6

报告期	证券简称	所属行业	持股市值/亿元	占流通股比/%	持筹增减/%	基金数/家	基金增减/家
2022/3/31	中国神华	煤炭开采	81.34	1.66	77.13	262	138
2022/3/31	陕西煤业	煤炭开采	65.52	4.11	73.47	178	97
2022/3/31	兖矿能源	煤炭开采	64.90	5.67	72.94	208	156
2022/3/31	平煤股份	煤炭开采	33.21	8.46	2341.28	96	84
2022/3/31	山西焦煤	煤炭开采	23.88	4.69	278.50	90	76
2022/3/31	淮北矿业	煤炭开采	17.14	4.38	125.54	55	52
2022/3/31	潞安环能	煤炭开采	11.75	2.37	101.78	51	35
2022/3/31	山煤国际	煤炭开采	9.58	3.50	35939.96	76	75
2022/3/31	晋控煤业	煤炭开采	8.91	3.38	333.79	56	49
2022/3/31	美锦能源	煤炭开采	8.25	1.62	−23.10	38	−2

后面煤炭板块中的个股行情也证明了机构眼光的准确性，比如陕西煤业（股票代码：601225），如图 5-6 所示。

图 5-6

所以，通过观察机构投资者的持仓变化情况，发现那些具有较大上涨潜力的股票，是一种较为便捷的选股方法。机构投资者的投资决策通常基于深入研究和长期视角，因此跟踪他们的投资动向有助于发现优质的投资标的。

虽然跟踪机构持仓可以获得有价值的信息，但估值分析仍然是选股的基础。只有当股票足够便宜并且符合底部特征时，才值得买入，也就是说，跟踪机构持仓只是一种筛选股票的方法，在筛选出合适的行业板块和股票后，我们还要进行必要的分析，确保选股的成功率。

探讨　基金持仓的参考意义

从理论上来看，投资者在熊市期间最好的投资方式就是多看少做。哪怕是投资基金也是非常容易亏损的，所以跟踪其持仓股也需要谨慎。而牛市期间最好是持股待涨，不论选择了哪个板块，只要有耐心，全程操作下来的收益都是非常不错的。然而大多数人其实根本就做不到这些，因此我们只要跟踪基金持仓就能在一定程度上发现大资金的布局方向，从而能够把握住一段时间内的主要机会。

在熊市期间，我们在参考基金持仓并选股的过程中，必须要对相关品种的估值和技术指标做更加深入细致的分析，而且还得考虑当时市场整体的情绪水平，再做出最后决策，毕竟熊市期间基金亏损也是家常便饭。如果基金加仓并且重仓的品种已经处于较高位置，或者没有跌至很低的估值水平，买入后被套的概率就非常高了。

而在牛市期间，通过基金持仓跟踪股票的一个主要目的就在于搞清楚哪些品种是机构重点关注的龙头股，这对于投资者提高收益率是非常有帮助的。而对于一些机构持仓较"轻"的股票，或者等待游资去炒作，或者会在一段行情的尾声阶段再完成补涨，一般来说收益都是不确定或者有限的。当然，如果投资者看到了有些板块是基金大幅加仓的方向，但自己对这类品种认知不充分或者这类品种已经处于估值极高的位置，那最好以规避为主，毕竟自己把握不大而盲目去跟风时风险很大，最终很难获得理想的收益。

第二节 机构加仓成本的分析和应用

前面我们说过,即使是被机构加仓或重仓的股票,也不是随便可以买进的,因为机构本身也不是百分之百挣钱,也可能遭遇亏损,尤其是在熊市期间,亏损的机构和公募基金比比皆是。因此我们跟踪机构选出合适的股票后,还需要做一些分析,主要是分析机构加仓的成本,并进一步判断个股估值的高低和买卖时机。

要分析机构加仓的成本,首先要了解机构的操作特征。机构的操作特征是怎样的呢?第一,机构交易通常涉及较大的金额,单笔交易金额可能高达数千万元甚至更高。第二,鉴于交易量巨大,机构往往采用逐步买入或逐步卖出的策略,而非一次性完成操作。第三,机构不会像散户那样进行"冲动交易",在基本面未发生重大变化的情况下,不会轻易改变持仓。

基于机构的操作特征,我们可以将该季度股票的平均价格视为机构的加仓或减仓成本。虽然这种方法可能存在一定误差,但它为我们提供了一定的参考。

以特变电工(股票代码:600089)为例,如表5-7所示,2022年第一季度特变电工的机构持仓比例比上一个季度增加了32.21%,占流通股比例为5.67%,属于被机构加仓、重仓的个股。

表 5-7

报告期	证券简称	所属行业	持股市值/亿元	占流通股比/%	持筹增减/%
2022/03/31	特变电工	高低压设备	43.83	5.67	32.21

那么 2022 年第一季度该个股平均股价是多少呢？我们可以通过同花顺软件的区间统计功能快速得出均价为 20.05 元，如图 5-7 所示，此均价可以视为机构在该季度的加仓成本。

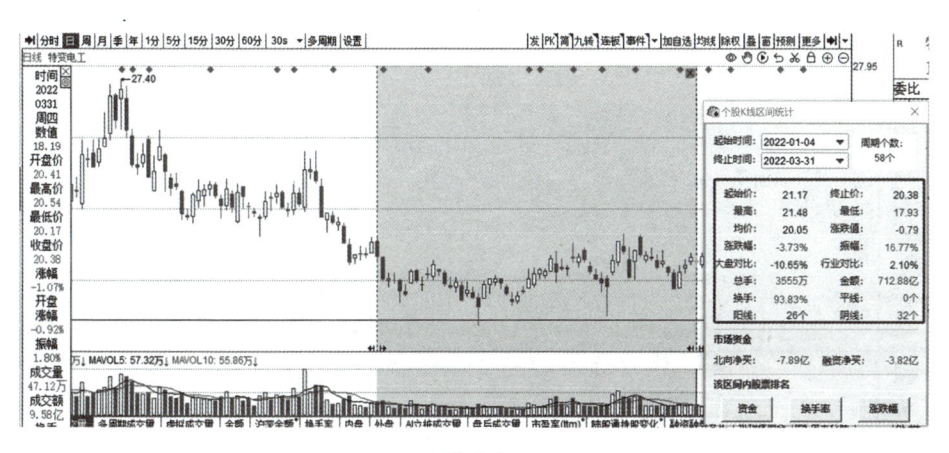

图 5-7

估算出机构的加仓平均成本后怎么操作呢？投资者可以在股价降至机构平均成本下方时予以关注，然后结合选时、估值和技术分析等手段进行综合分析，从而考虑是否买进。当股票估值较低时，股价低于机构持股的平均成本时，说明安全边际相对较高，这时可以考虑买入。

我们以迎驾贡酒（股票代码：603198）为例，来完整讲解一下跟踪机构选股和时机判断的步骤。

首先，通过公开的公募基金持仓情况披露信息。如表 5-8 所示，我们发现在 2022 年第三季度，迎驾贡酒被基金大幅增持，比上季度增长了 106.01%，基金持仓占流通股比达到了 4.49%，虽然未达到 5%，但考虑到增持幅度，也可以算是被基金重仓持有了。

表 5-8

报告期	证券简称	所属行业	持股市值/亿元	占流通 A 股比/%	持筹增减/%
2022/09/30	迎驾贡酒	酒精制品	20.18	4.49	106.01

其次，统计该季度的平均股价，并将其作为基金机构加仓成本。具体可以使用同花顺软件的区间统计功能。如图 5-8 所示，迎驾贡酒在 2022 年第三季度的机构加仓成本约为 55 元/股。因此，在公募基金持仓信息披露的 10 月底，该股一直运行在 55 元下方，投资者可以予以关注。

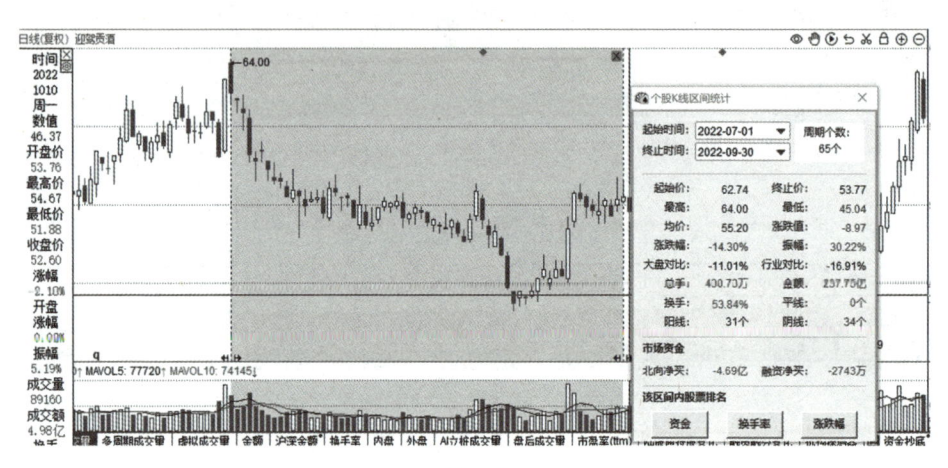

图 5-8

最后，结合前面提到的市场情绪和技术分析、估值分析，对买入时机进行判断。从市场全局的角度来看，2022 年 10 月底，市场情绪处于冰点（具体分析方法在第四章第二节中已经详细说明）——既有疫情扩散导致的重大利空，也有相关联的贵州茅台等优质龙头股出现放量下跌（可参见图 4-20），热点题材股也纷纷下跌。

从技术分析的角度来看，如图 5-9 所示，迎驾贡酒在低位反复放量，且筹码在低位集中，说明套牢盘已经出现了明显的割肉抛售，抛压得到了一定的释放。

图 5-9

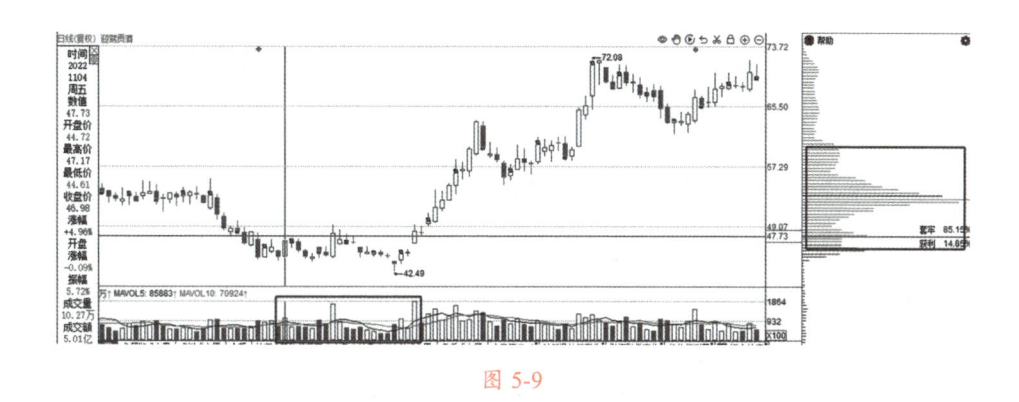

从估值的角度来看，我们从 2022 年白酒消费最悲观的情形出发来估算当前的估值，具体方式如下：以机构预测的 2022 年盈利预测数值 17 亿元作为初始回报（初始自由现金流），设定未来 10 年的增长率和稳定增长率分别为 5%和 2%（对于白酒来说，这个增长率明显处于低估区间），贴现率为 8%，带入 DCF 估值模型中，得出的股价为 45.52 元/股，如图 5-10 所示。与 2022 年 10 月底 11 月初的股价处于差不多的位置，说明此时估值处于低估区间，在当时的白酒消费状况下是非常便宜的。

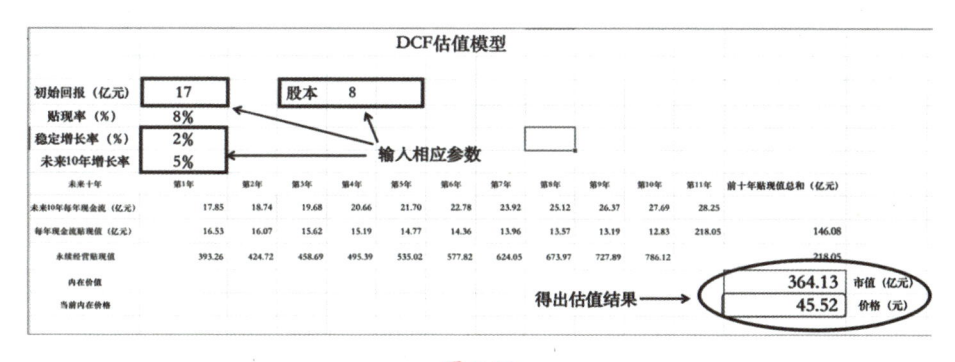

图 5-10

结合上面所提到的机构减持情况以及市场情绪判断、估值分析和技术分析，我们可以得出结论：在 2022 年 10 月底 11 月初买入迎驾贡酒股票是一个好时机，盈利概率极大。后续该股的走势也证明了这个结论。

而对机构减持的情况，我们同样可以用上述方法得出机构卖出的平均价格，并观察股价的走势，一旦股价反弹至平均价格附近，那么机构就有可能继续减持。

对于同样持有股票的投资者来说，该价格可以作为卖出的价格锚点。而对于未持股的投资者来说，则不必过于关注机构减持股票的情况。

总结来说，我们可以通过跟踪机构来选股，但不能盲目地买入机构加仓股，而是要关注机构加仓的成本价，还需要综合考虑市场环境、个股估值和技术走势等因素。尤其在熊市期间，很多公募基金也存在亏损的现象，假如不加考虑就买进公募基金的加仓股或重仓股，就有可能被套。而在牛市期间，跟随机构的操作可能会带来较高的收益。这里我们再次强调，机构持仓虽可作为参考，但不应视为选股的唯一标准，核心依然在于对个股估值的判断。

在前面几章中，我们介绍了周期、估值、选股、择时等方面的一些基础知识和方法，在下面一章中，我们再来探讨一下A股市场一些特有的规律，并将两者结合，帮助投资者探索出一条符合A股市场的完整的炒股操作体系。

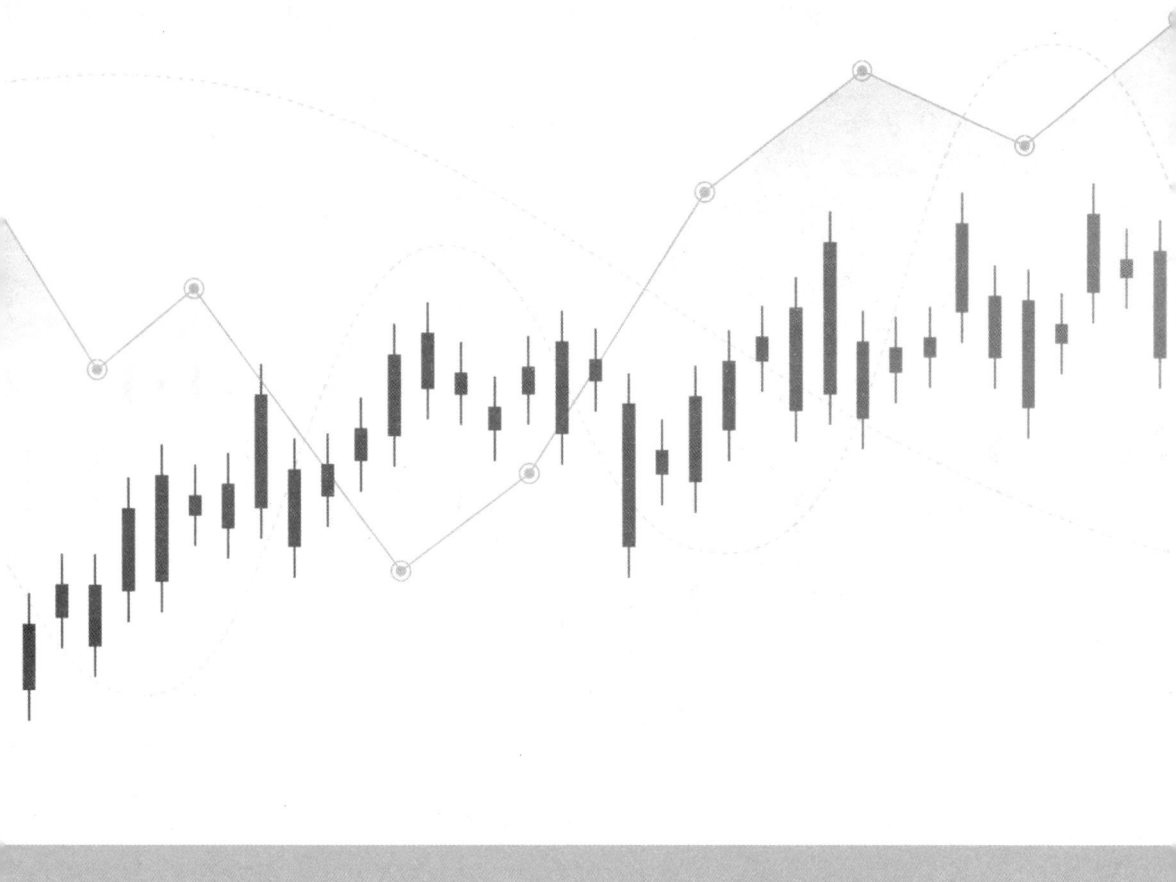

第六章
穿越牛熊的投资策略

A股市场有一个较为显著的特征，就是"牛短熊长"，即牛市短暂而熊市漫长，很多投资者也经常会抱怨这一点。但抱怨不能解决问题，只有客观地正视这一点，搞清楚其背后的运行规律及原因，我们的操作才更有针对性和价值。

　　那么为什么A股会"牛短熊长"？它的形成逻辑又是什么？我们应该制定怎样的应对策略？

第一节　A股牛熊市的运行规律

A股市场牛市短暂，不像美股一样可以持续十几年，其原因主要有两个。

第一，A股市场缺乏完善的做空机制。我们看到美股市场拥有成熟的做空机制，并且实行的是T+0的交易制度，投资者可以在发现股价虚高时迅速做空，这可以有效地抑制泡沫的出现。而A股市场却缺乏成熟的做空机制——虽然也有融券制度，但实际上在股价虚高的时候往往无券可融。做空机制的不完善也就导致市场更容易受到做多情绪和炒作操作的影响——不做多就挣不了钱，不炒作则绩差股的股价根本涨不上去。

当牛市阶段市场情绪起来的时候，大家会一股脑儿地去买股票，股价涨得就会非常快，但这种上涨往往因为与基本面不匹配而不可持续，也透支了未来很多年的盈利预期，股票的价值因此被严重高估了，容易导致市场中存在大量的泡沫，使得牛市很难细水长流地维持下去。

第二，牛市短暂与A股市场的股票结构有关。A股市场的5000多家上市公司中，有很大一部分属于周期性较强的行业，如制造业、能源业等，这些行业的业绩受宏观经济影响较大，波动性较强，股价也随着周期波动，在业绩快速增长时期涨一轮，在业绩低谷时期跌一轮，难以像美股一样有长牛行情。美股市场中虽然并不是所有的公司都是"好公司"，但其中的头部公司，业绩增长持续性更强，尤其是在消费和高科技领域，这些公司往往具有较强的全球竞争力，比如苹果、英伟达等科技巨头，以及宝洁、可口可乐、百威等消费巨头，所以美股有长牛行情也就不足为怪了。图 6-1 为苹果（美股股票代码：AAPL）2010—2024 年的股价走势图。

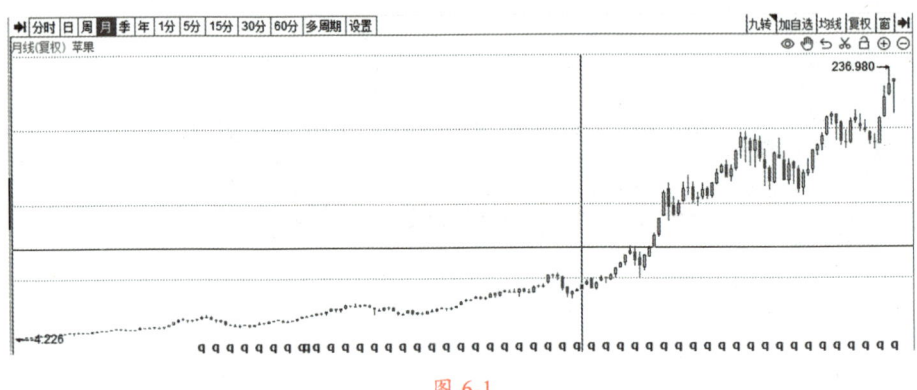

图 6-1

反观 A 股市场，市值较高的公司不是银行股就是中国石油等周期股，受宏观因素影响较大。比如中国石油，国际上的石油价格波动这么剧烈，中国石油怎么可能有长牛行情？又比如新能源板块中的光伏行业，看着好像业绩增长空间很大，但实际上光伏的技术壁垒并不是特别高的，而且光伏设备属于耐用品，起码可以用 20 年，因此光伏公司要想实现增长的话，就需要不断开拓新市场。一方面，因为技术壁垒较低所以竞争激烈，并且还要受到传统能源行业的影响；另一方面，新市场有限，所以未来增长也有限，光伏公司的业绩无法保持长期增长，股价也就无法长期上涨。图 6-2 是隆基绿能（股票代码：601012）自 2016—2024 年的股价走势图（月 K 线图）。

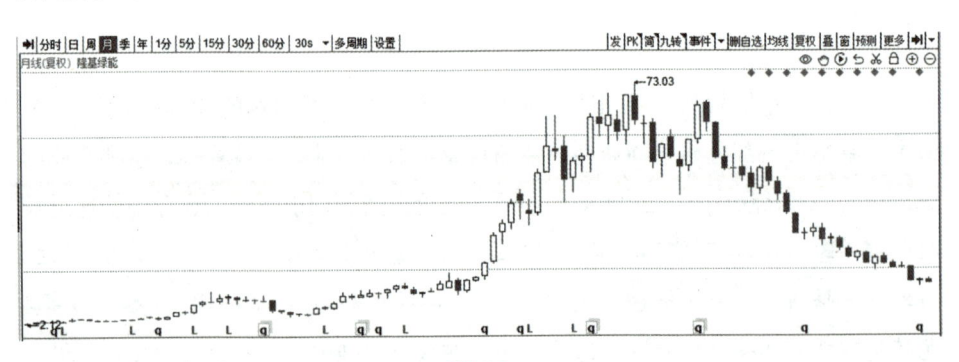

图 6-2

而 A 股市场中能保持长期业绩增长的，只有贵州茅台等少数几家，这也是 A 股难以存在长牛行情的原因之一。根据以往的行情规律来看，A 股的牛市通常在宏观经济比较好或财政政策"大放水"的时候产生，且持续时间较短。

而 A 股的熊市很长，动不动就几年时间，从图 6-3 所示的上证指数月 K 线图中就可以看出，熊市比牛市要长很多。远的不说，从 2021 年阶段高位下来后，熊市维持了 3 年时间（2022—2024 年）。

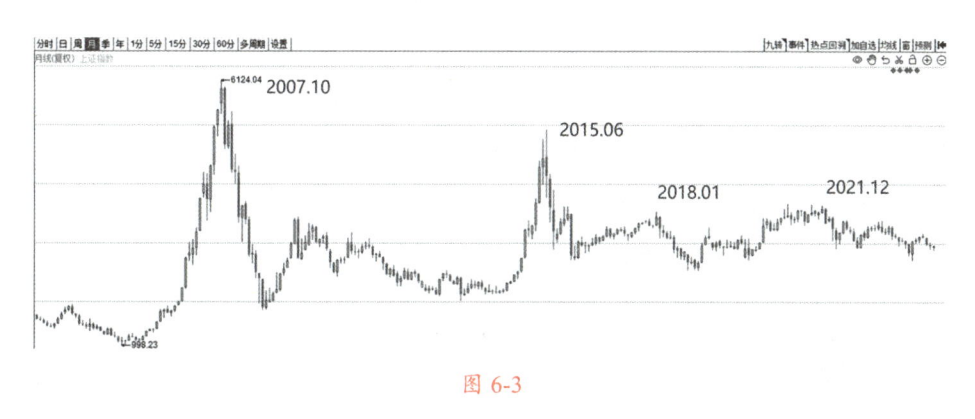

图 6-3

我们来看看熊市是怎么产生的，以及熊市为什么那么长。

在牛市后期，市场情绪高涨，因为没有较为完善的做空机制，大量散户只能追高，大量资金涌入，最终的结果就是股价暴涨、股票估值过高，市场形成了大量泡沫。这时候一旦市场反转，这些高位买入的投资者就会被套牢，使得市场在下跌过程中缺乏足够的买盘支持，导致股价持续下跌，牛市转为熊市。

而在下跌的过程中，不仅追高的散户损失惨重，养老基金和社保基金等政府机构投资者也会出现亏损的情况，因此为了防止市场过快下跌引发系统性风险，政府和监管机构往往会出台一系列措施，如放宽融资融券限制、降低印花税等，以减缓市场下跌的速度。这些干预措施虽然有助于稳定市场情绪，但也人为延长了熊市的时间，造成熊市持续时间变长。

A 股市场的牛熊与经济周期也紧密相关，我们前面提到过，经济周期中的衰退期和萧条期比繁荣期和复苏期都要长一些，从这个角度而言，熊市的持续时间也会比牛市长，所以未来相当长一段时间里，我们还要适应A股这种"牛短熊长"的运行规律。

那么普通投资者该如何应对牛熊市呢？按照巴菲特的说法，就是"避免亏损"。也就是说，我们应该竭力避免盲目追高买入股票，尤其是那些估值已经严重偏离基本面的股票，这些股票可能让我们损失惨重。无论何时，我们都应该学会通过估值分析等方法来评估股票的真实价值，从而选择交易时机。

在熊市中，要尽可能避免亏损甚至巨亏，并且适当地通过波段操作捕捉短期的反弹机会，绝不能幻想着追求高额收益。要知道，在熊市中只要能保本，我们就能打败90%以上的其他投资者了。此外，在熊市阶段，不要轻易买入股票，只有在市场极度悲观、股价严重超跌时，才考虑买入股票，这样即使短期内市场继续下跌，也能在反弹时获得一定的收益。

在牛市中的操作思路更加简单，即通过估值等方式寻找具有持续增长潜力的优质股票，耐心持有，享受主升浪带来的收益，同时要注意市场情绪的变化，避免在市场情绪极度高涨时追涨，以免成为最后的"接盘侠"。

怎么判断熊市或牛市是否开启了呢？有几个明显的特征，我们可以关注。

先说熊市开启的判断方法：一是成交量急剧放大，市场情绪极度乐观，看涨声一片，大多数股票尤其是龙头股达到极高的估值，透支了未来多年业绩（左侧特征）；二是在高位大跌后出现大量套牢盘，龙头股形成典型的头部形态（右侧特征）。

举例来说，如图6-4所示，在2015年的高位上，上海证券交易所在短短9个交易日里的成交金额达到了9.75万亿元，平均每天的成交金额超过1万亿元了，可见当时市场是多么乐观和狂热，几乎每个投资者都想着抓紧入场挣快钱。

"中字头"龙头股中国中车（原中国南车，股票代码：601766），作为一家成长性不强的上市公司（从2014年到2023年，年净利润水平稳定在110亿元左右），当时的动态市盈率却达到了100倍，估值已经严重偏离了其内在的价值，因此当它开始下跌时，出现了大量的高位套牢盘，并在之后走出了明显的顶部形态，如图 6-5 所示。

图 6-4

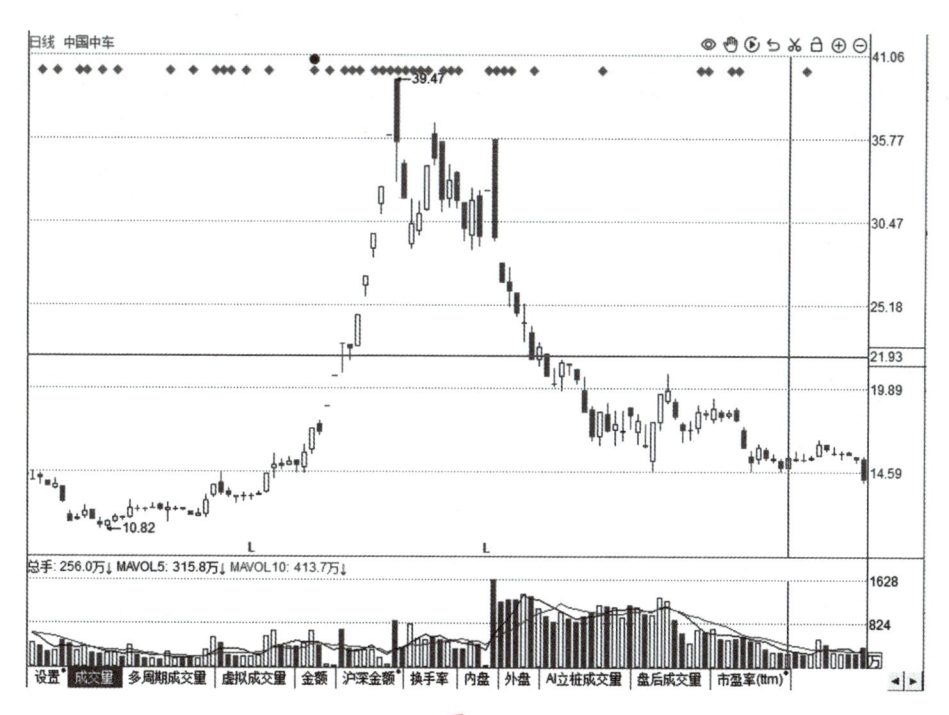

图 6-5

当市场出现以上两个特征时，说明熊市已经开启了，投资者即使当时没有反应过来，在之后多数股票开始大跌时，也应该有所行动了，不然就真的被深深套牢、损失惨重了。

牛市开启的特征刚好与熊市相反：一是成交量低迷，市场情绪悲观，大多数板块中的多数股票估值处于历史低位（左侧特征）；二是呈现出明显的底部形态，龙头板块的龙头股开始快速拉升（右侧特征）。

我们以 2014 年大牛市的开启为案例来说明。如图 6-6 所示，上海证券交易所在 2014 年 6 月左右，每日的成交金额跌至不到 600 亿元，说明当时在经过反复的震荡和阴跌之后，市场情绪已经降到冰点。

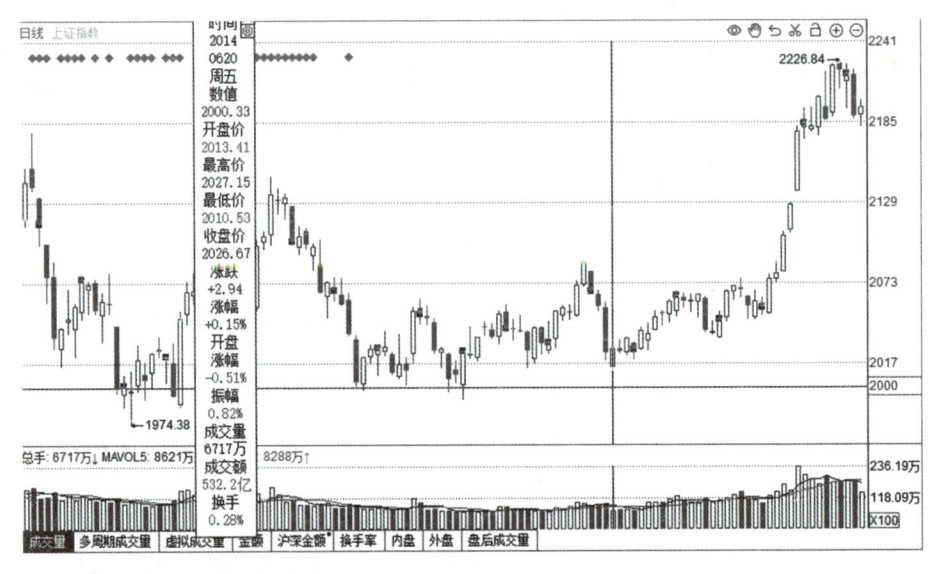

图 6-6

再来看龙头股的表现。如券商板块的龙头股中信证券（股票代码：600030），从 2010 年开始就一直在底部区域震荡，到 2014 年 6 月时，其市盈率更是仅有 1 倍左右。我们前面说过，周期股的市盈率为 1～1.5 倍时，就有可能处于估值底部了，而且其 K 线走势已经呈现出较为明显的圆弧底形态了，如图 6-7 所示。

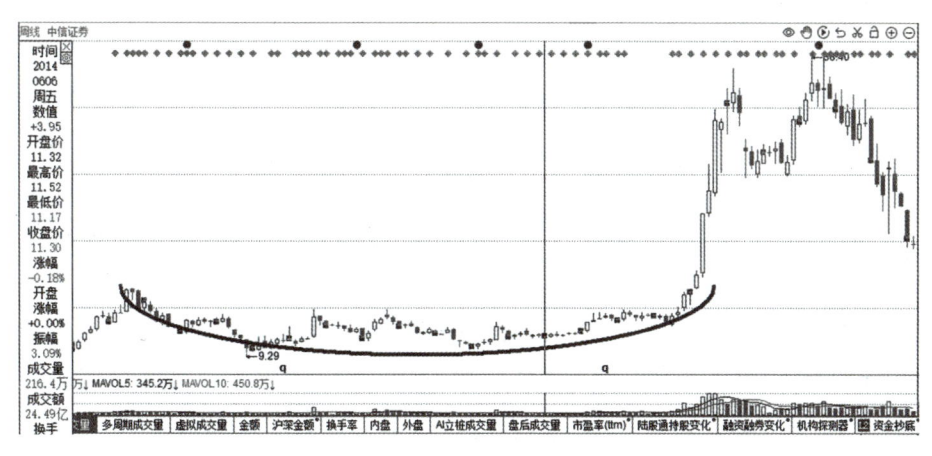

图 6-7

再如白酒板块的龙头股五粮液（股票代码：000858），如图 6-8 所示，其从 2012 年 6 月开启的一轮下跌行情，一直延续到 2014 年 1 月左右，之后出现了行情反转，至 2014 年 5 月时，已经呈现出明显的头肩底反转形态了，并且此时其估值也非常低。

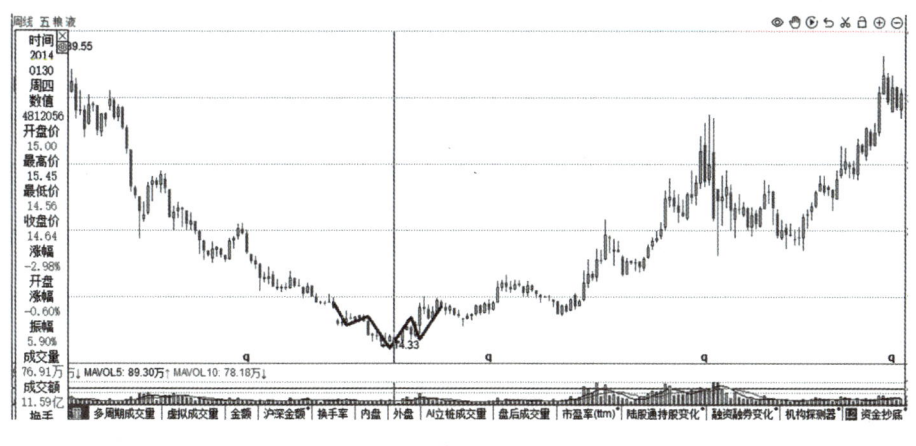

图 6-8

当市场出现以上两个特征时，就说明牛市已经开启了，此时投资者可以选择优质股票，尽快"上车"，把握住 A 股市场为数不多的牛市机遇，且耐心持有，扩大收益。

总结一下牛熊市投资原则：在熊市中，我们每次操作都要非常谨慎，要尽可能抓住下跌的低点，而且盈利的预期不要太高，以不亏本为操作前提；在牛市中，我们应该在成本和心态都具备优势的情况下，尽可能扩大收益，并且要时刻注意市场情绪高点。

俗话说知易行难，股票投资同样如此——投资原则与道理都是非常简单的，但投资者想要建立一个完整的符合 A 股市场的投资体系，需要经历长年累月的努力才能够实现。本书的目的，只是为了将这些投资原则和方法通过案例的形式剖析给大家看，帮助大家更深刻地理解其中的逻辑，加速建立起自身的投资体系，同时介绍一些实操技巧和策略，帮助大家更好地在 A 股市场中生存。

接下来，我们就根据 A 股市场熊市的特点，介绍一些具体的操作方法和生存策略。

探讨　A股何时迎来慢牛

所谓"慢牛"就是缓慢上涨的牛市，就如美股市场，从2008年之后一直保持着稳定而缓慢的上升行情。不过，从当前的情况来看，A股市场形成慢牛的时间可能不会很快到来，问题来自各个方面，这里我们简单列举几个。

首先，散户的占比过高。不可否认的一点是，绝大多数散户都是急功近利的，他们不会想着一年只要赚百分之一二十就满足，而以追求短期暴利为目的。而反观美股市场，绝大多数的资金都是机构主导的，散户也相对成熟一些。这也就意味着A股市场必须要经历一个很长的"去散户"过程才能真正迎来慢牛。

其次，大量垃圾股的存在，阻碍了慢牛的形成。试想一下，大部分公司业绩不够好，竞争力也不足，但是又不能一次性退市，那它们就离不开炒作。而炒作能产生慢牛吗？绝无可能。它们只能以暴风骤雨般的拉升来吸引资金跟风，然后再持续暴跌完成一轮炒作。所以退市制度的完善也是市场能形成慢牛行情的重要原因。

最后，我们看到美股的很多巨头公司都是走全球化路线的，这样相对来说能够平抑国内市场的经济周期波动，使得上市公司在基本面上呈现出更加稳健的长期增长潜力，从而股价持续不断地上升。而公司想要实现全球化，则必须具备足够的科技含金量。国内公司要想顺利开拓全球市场、成为全球化的国际公司，从短期来看，困难重重，除了要在科技研发领域有所突破，还要克服国际局势的影响，所以依然任重道远。这也是当前 A 股市场中的大蓝筹权重股，基本都是"窝里横"的原因所在。

总体来讲，我们在很长时间内可能都会面临"疯牛""快牛""慢熊"的行情，不过"兵来将挡，水来土掩"，只要掌握了 A 股牛熊市的特定规律，大部分散户其实也没有必要畏惧。

第二节 熊市的炒股思路和技巧

熊市的风险是显而易见的，尤其对于散户来说，熊市几乎就是亏损赔钱的代名词。因此怎么识别熊市的到来，以及在熊市中如何选择合适的进场时机，就显得尤为重要了。

在上一节中，我们已经讲了熊市开启的特征，那么对于投资者来说，在熊市中是否只能被动防守，没有办法获得盈利呢？并不是的，俗话说"牛市做强势、熊市做超跌"，在熊市中只要能把握住超跌反弹的机会，我们依然可以赚到钱。

什么是超跌反弹？超跌反弹是指股票价格在短期内过度下跌后又回升的现象。那么在熊市中我们应该怎样判断时机、如何把握超跌反弹的机遇呢？下面几个熊市中超跌反弹时机出现的特征和炒股技巧，可以辅助投资者做决策。

一、熊市要等到情绪冰点才会迎来超跌反弹

在第四章中，我们提到了市场情绪冰点的判断标准，包括重大利空落地并导致大盘指数出现明显的放量下跌，热点股尤其是没有业绩支撑的热点股大幅放量下跌，以及优质龙头股开始放量下跌并且部分龙头股跌至具有一定吸引力的估值水平。

当市场情绪冰点到来时，市场信心严重崩溃，投资者割肉清仓，抛压得到大幅释放，部分优质股票的估值水平跌至极低，较大幅度的超跌反弹随时都会到来。

例如我们前面提到过的，2022 年 10 月底，疫情扩散的利空导致上证指数大幅下跌，一些前面热炒的热点题材股如 5G 概念的国脉科技（股票代码：002093）、楚江新材（股票代码：002171）也纷纷放量下跌，优质龙头股如白酒龙头股五粮液（股票代码：000858）也经历了一轮急速放量下跌，股价跌至 140 元/股以下（见图 6-9）。如果以 2022 年的盈利预测作为初始自由现金流，从最悲观情形下出发，设定未来 10 年增长率和稳定增长率都为 3%，代入 DCF 估值模型，可以估算出当价格在 141 元/股左右时（见图 6-10），股价就已经非常便宜，具有极大的吸引力，此时超跌反弹的机会随时会到来（虽然在 2023 年和 2024 年因为库存问题而导致很多白酒股再创新低，但站在 2022 年 10 月底来看，白酒行业的预期相对较好）。

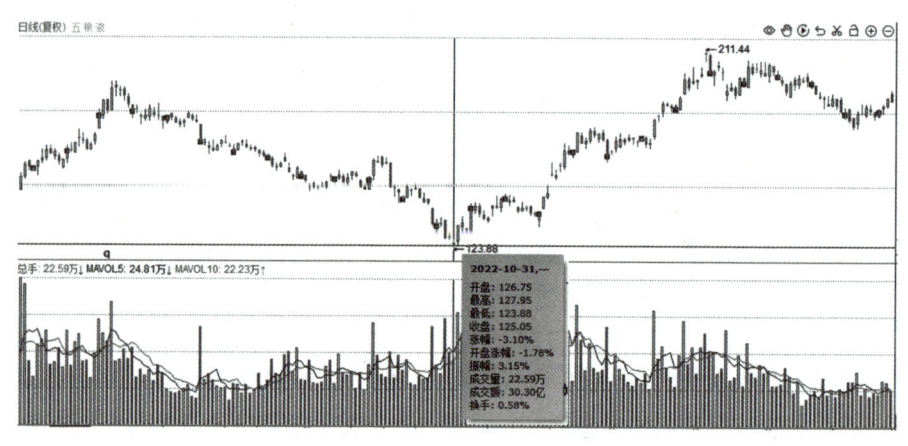

图 6-9

图 6-10

再如券商龙头股华泰证券（股票代码：601688），在此期间其市净率已经低至 0.8 倍——作为券商板块中盈利规模仅次于中信证券、上市以来从未出现亏损的券商巨头，市净率跌到这个水平，也说明其安全边际是非常高的。当其经历了一轮快速的急跌后，投资者可以适时捕捉反弹的机会了，如图 6-11 所示。

图 6-11

但是，在熊市阶段，捕捉超跌反弹机会最重要的是估值判断，比如同样在 2022 年 10 月底，锂矿龙头天齐锂业（股票代码：002466）的市净率仍超过 3 倍，所以虽然经历了一轮急速下跌，却远远未到底部位置。因此，虽然短期内有着超跌反弹的机会（如 2022 年 10 月 31 日—11 月 8 日迎来了超跌反弹），但最终还是会跌回去的，如图 6-12 所示。

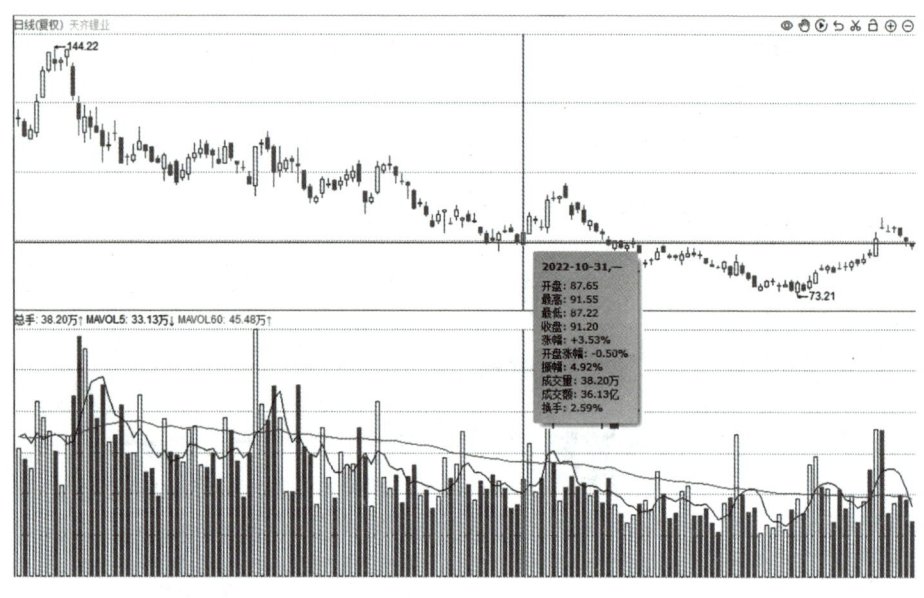

图 6-12

因此在熊市行情中，无论如何都要保持清醒，只要股票从估值角度没有见底，那么即使迎来了超跌反弹，最终股价还是会回到下跌趋势中。

二、熊市期间的利好通常是陷阱

在熊市行情中，很多投资者会有一种错误的投资习惯，就是等待政策利好或其他利好，一旦这种利好出现，就认为可以进场抄底了。那么熊市行情中的利好出现了，是否就可以抄底了呢？可以说，多数情况下，出现利好时市场是不具备抄底条件的。而且当市场本身不符合超跌反弹条件，该跌的没有跌透，比如热点股没有补跌、龙头股也没有放量下跌时，利好反而会起反作用，变成了诱多的陷阱。

怎么理解呢？道理很简单，我们说熊市期间市场情绪低落，被套牢的投资者可能会选择割肉离场，但此时利好出现，会让这些准备割肉的投资者选择持股观望，而持币观望的人也会提前进场，进而导致抛压无法全部释放，市场跌不透，即使反弹了上涨的幅度也不会很大。

只有当市场本身利空出尽，陷入情绪冰点，该跌的都跌透了，具备了触底反弹的条件时，再出利好才能起到四两拨千斤的助推效果。

另外我们也可以想象一下，如果市场本身就能反弹的话，也不需要什么利好了，所以利好往往是告诉你市场并没有跌透而已。股市中有一句名言，叫"上涨是上涨的理由"，在此时特别适用。

所以熊市期间千万不要有利好出来就能马上见底的想法，这种想法也是很多投资者在熊市抄底被套牢的一个原因。

我们来看具体例子。2023 年 8 月 27 日财政部和国家税务总局发布公告，自 2023 年 8 月 28 日起，证券交易印花税实施减半征收。这个政策绝对是一大利好，很多人认为行情即将出现反转，迫不及待选择进场，但实际上 8 月 28 日上证指数高开低走，一早冲进去的投资者都买在了高点，之后很长时间都处于被套牢的状态。

再比如之后几天的 9 月 14 日，央行宣布于 9 月 15 日下调金融机构存款准备金率 0.25 个百分点，以保持流动性合理充裕，这对于 A 股市场来说同样是利好，所以也有很多人开始入场，结果呢？9 月 15 日当天还是高开低走，一早冲进去的投资者还是被套了，上证指数此后更是下跌连连，如图 6-13 所示。

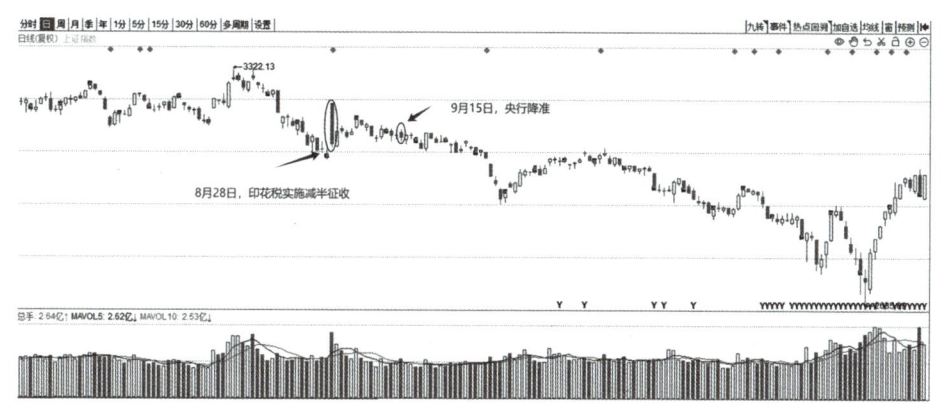

图 6-13

所以除非是运气好买到了热点股，否则仅凭着利好就展开抄底操作，很容易抄在半山腰、买在高位，陷入亏损的境地。

因此，在熊市期间，投资者应该保持冷静，不要害怕踏空，要等到抛压真正释放后，才能捕捉到超跌反弹的机会，而这个时候的利好，反而会限制抛压的释放，形成诱多行情。

三、熊市的超跌反弹只需部分龙头股具备吸引力

熊市的超跌反弹是不需要所有股票都跌透的，只需要部分龙头股具备吸引力就可以了，为什么呢？道理很简单，观望的资金之所以迟迟不进场，最重要的原因是没有找到估值较低的标的物，如果此时市场经历了一轮快速杀跌，虽然很多龙头板块有可能还是很贵，但是只要有一部分板块的股票估值跌到够低的水平，已经没有多大的风险了，对这些观望资金的吸引力就会变得很大，自然而然就会让其抄底，从而形成反弹行情。

当然，被低估的股票越多，吸引的资金就会越多，反弹的空间和力度就会越大。但是熊市的超跌反弹并不要求所有的股票都跌透，如果全都跌透，那就意味着熊市见底，接下来就不是超跌反弹，而是牛市的开启了。

四、熊市炒股的操作要领

了解了熊市中捕捉超跌反弹机会的方法，接下来我们来总结一下在熊市中炒股的一些基础操作要领，主要有四点。

第一，要保持足够的耐心，一定要等到热点股或高估值品种大跌之后，才能重仓买入，否则只能小仓位买入低估值品种。原因前面已经说了，只有等热点股、高估值品种大跌，抛压才会释放，市场情绪才能降低到冰点，这时的安全边际才足够高。

第二，在选择股票的时候，一定要选择各类板块中当前估值已经足够低的优

质股票，并且在市场恐慌阶段大胆买入或者加仓。低估值的优质股票安全系数高，且市场恐慌阶段一般该卖的已经卖了，该割肉的已经割肉了，抛压已经被彻底释放了，下跌的空间有限。此时投资者应利用逆向思维，大胆买入、加仓或耐心持股，等待价格反弹上涨。

第三，在熊市中不要集中持股，要学会分散持股。一方面，低估并不是绝对的，一些股票看起来很便宜，但可能还是没有见底——A 股有句话叫"你根本不知道 A 股的底在哪里"，有时候玩笑也部分揭露了一些事实，尤其在熊市期间，股票很容易跌了又跌。另一方面，人总有看走眼的时候，比如所持股票的基本面会变化，或在分析基本面的时候出现了分析盲点等，都可能会影响股票价格。

第四，对于出现明显下跌趋势或者逻辑变化的股票要及时止损，而不是盲目补仓，否则会深陷其中。经历过熊市的投资者可能有切身体会，在熊市中，一只股票跌百分之七八十的幅度也是可能的，假如跌了就补，很容易被一只股票套牢，这也是很多投资者在熊市期间大亏的原因。要记住，任何人都不可能做到所有股票都挣钱，"股神"巴菲特也做不到，所以对于"看走了眼"的股票，要及时止损卖出，尽量少亏，然后在"看对了眼"的股票上多赚一些。

在熊市中，耐心等待并选择合适的投资时机至关重要，选择合适的时机，选对好的股票，在熊市中照样可以有所收获。接下来，我们探讨一下在牛市期间应如何操作，以获得超额收益。

探讨　熊市生存的关键策略

熊市行情占据了A股的大部分交易时间，因此也是我们本书的重点内容。

我们反复强调，在熊市期间，每次操作都需要慎之又慎，需要耐心等待机会，但这个要求对于很多散户来说是非常高的，因为大多数人都是极度缺乏耐心的，自律性比较差。但是熊市操作最难的地方还不在于缺乏耐心，而在于犯错之后却不知道止损。

对于这个问题，很多投资者尤其是资深投资者都是深有体会的，因为他们都有过熊市中被深套的经历。要知道，大幅亏损并不是一天造成的，而是经年累月慢慢深陷其中的。为什么散户容易最终被深套？说得直白一些就是，一开始小幅亏损的时候没有看清楚当前的形势，原因在于要么对相应公司的底部估值没有清醒的认识，要么对相应行业或者公司的基本面变化等情况没有及时洞察，因此不肯在大幅亏损之前止损割肉，以至于最后深陷泥潭被套牢。

我们以派能科技（股票代码：688063）这只股票2022—2024年的走势为例，其间该股股价最大的跌幅超过了90%——从高点的363.19元/股跌至32.53元/股，如图6-14所示。

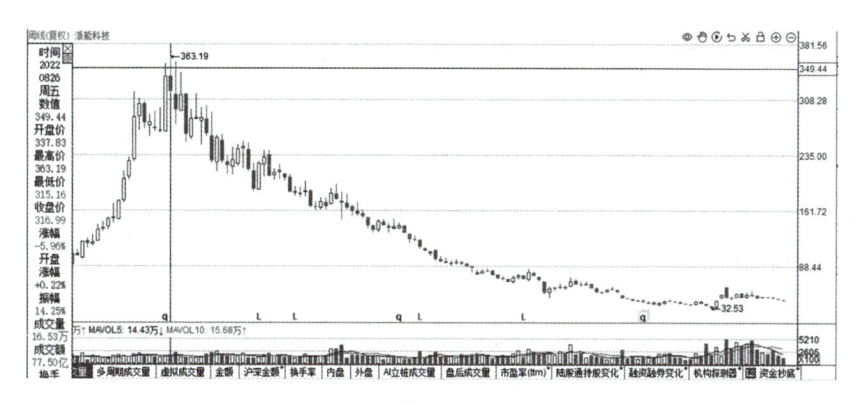

图 6-14

这只股票在 2022 年可是储能板块的龙头股，而储能在未来市场的发展空间又充满了想象力，因此很多投资者都选择在高位买入，并且一直沉浸在储能板块发展空间无限广阔的遐想当中，以至于根本就想不到这个行业存在着竞争激烈的问题，也就是说公司的基本面其实并没有很多人想象中那么美好，随时会面临竞争对手的挑战——这也在该公司 2023 年及 2024 年的财报数据中得到了充分的体现，如图 6-15 所示。

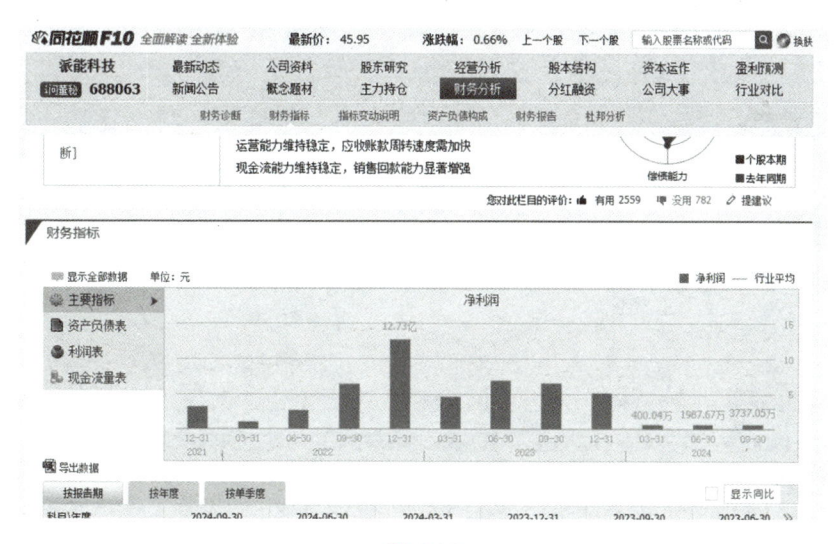

图 6-15

所以，在基本面发生了变化，或者市场对公司出现了过度美化之时，一旦公司的风险开始暴露、股价趋势发生逆转，投资者就应该及时抽身而退，但对于普通散户来说，想要下定这个决心确实非常艰难，尤其是散户在已经亏损超过30%甚至更多的情况下，其心中普遍会存在一种侥幸心理，即认为股价是被"错杀"的，市场是错的，别人也都是错的，在这样的心理作用下，更易一错到底而陷入深套当中。

如果说在2023年被新能源板块套牢还情有可原，毕竟当时该板块的行情走势、长期发展前景都还是不错的，那么在熊市期间被那些既没有行业前景又没有实实在在业绩的公司股票套牢的话，就真的是"冥顽不灵"了。

例如金龙鱼（股票代码：300999）这只股票，在2021年股价达到了145.24元/股（复权后）的最高价后一路下跌，最低跌至24.58元/股（2024年9月），如图6-16所示。我们设想一下，如果有投资者在股价跌至120元/股时或在60～70元/股震荡时就选择买入——该股在这两个区间止跌反弹，并进入阶段性震荡调整中，或许给投资者以误导，使其认为遇到了"上车"的好机会——且此后一直坚持持有的话，那就真是太不应该了。

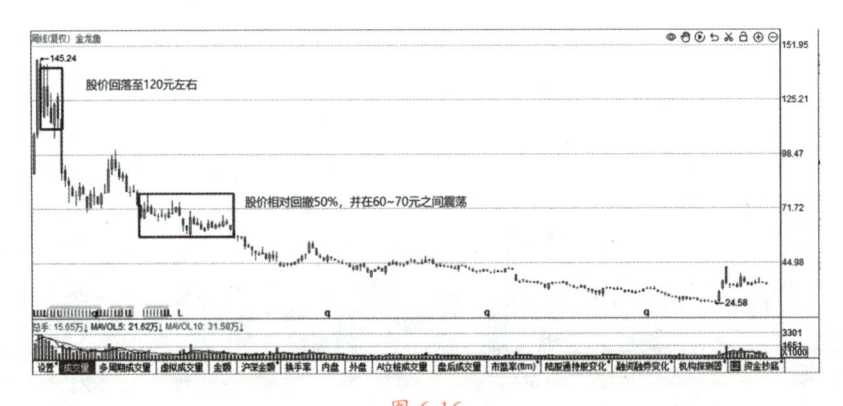

图 6-16

原因在于这家公司的主要产品是食用油，没有什么技术壁垒，其行业竞争非常激烈，加上市场增长空间非常有限，所以哪怕公司已是行业的龙头，只是意味着规模比较大而已，并不能构筑起很宽的"护城河"。

而从公司基本面的情况来看，该公司从 2021 年开始业绩逐步下行，产品的毛利率更是从 10%左右降至不到 5%的水平，这都反映出其基本面的急剧恶化，如图 6-17 所示

金龙鱼 300999

同花顺F10 全面解读 全新体验　最新价：34.45　涨跌幅：-0.43%　上一个股　下一个股　输入股票名称或代码　换肤

金龙鱼 问董秘 300999　最新动态　公司资料　股东研究　经营分析　股本结构　资本运作　盈利预测　新闻公告　概念题材　主力持仓　财务分析　分红融资　公司大事　行业对比

财务诊断　财务指标　指标变动说明　资产负债构成　财务报告　杜邦分析

按报告期　按年度　按单季度　显示同比

科目\年度	2023	2022	2021	2020	2019	2018
成长能力指标						
净利润(元)	**28.48亿**	**30.11亿**	**41.32亿**	**60.01亿**	**54.08亿**	**51.28亿**
净利润同比增长率	-5.43%	-27.12%	-31.15%	10.96%	5.47%	2.53%
扣非净利润(元)	13.21亿	31.84亿	49.96亿	87.92亿	44.78亿	42.15亿
扣非净利润同比增长率	-58.50%	-36.27%	-43.17%	96.36%	6.22%	472.94%
营业总收入(元)	2515.24亿	2574.85亿	2262.25亿	1949.22亿	1707.43亿	1670.74亿
营业总收入同比增长率	-2.32%	13.82%	16.06%	14.16%	2.20%	10.82%
每股指标						
基本每股收益(元)	0.5300	0.5600	0.7600	1.2100	1.1100	--
每股净资产(元)	16.88	16.36	15.99	15.40	13.28	12.16
每股资本公积金(元)	6.76	6.77	6.75	6.81	5.06	4.86
每股未分配利润(元)	8.60	8.23	7.78	7.27	6.99	6.17
每股经营现金流(元)	2.75	0.13	0.13	0.22	2.77	0.46
盈利能力指标						
销售净利率	1.11%	1.21%	1.98%	3.37%	3.26%	3.30%
销售毛利率	4.83%	5.68%	8.18%	12.33%	11.40%	10.21%
净资产收益率	3.16%	3.43%	4.85%	8.63%	8.72%	9.07%
净资产收益率-摊薄	3.11%	3.39%	4.77%	7.18%	8.35%	8.66%
运营能力指标						

图 6-17

再从市净率和市盈率来看，哪怕其股价跌至 100 元/股，公司市值仍能达到 5000 多亿元，市盈率相应地为 100 倍左右，市净率也并不低，所以这类股票怎么能继续持有呢？而且即使跌至 60 元/股的价格，在熊市期间，也难言底部已达，在趋势没有彻底反转之前，投资者要有及时止损的觉悟和敢于割肉的勇气，以免一错到底。

总而言之，虽然熊市期间出现亏损是再正常不过的事情，但是切不可让亏损不断扩大，否则损失会非常惨重。

第三节 牛市的炒股思路和技巧

很多散户往往是在熊市的时候亏损累累，而在牛市的时候却收获寥寥，出现了反复被收割的局面。为什么会出现这样的情况？牛市中我们应该使用怎样的策略呢？

前面提到过牛市开启的特征之一是龙头股快速拉升，之后带动大多数股票进入普涨模式，很多股票在牛市中会涨几倍甚至十几倍，如2014—2015年的这一轮牛市中，中国中铁（股票代码：601390）在短短一年时间里涨了近10倍（从2014年6月的2.31元涨到2015年6月的24元），如图6-18所示。如果有幸能把握住这只股票——即使只持有半年，也能收获可观的利润。

图 6-18

再如创业板中的全通教育（股票代码：300359），借着互联网的势能，在短短一年的牛市中也涨了近8倍（从2014年6月的56元左右涨到2015年6月的467元左右），如图6-19所示。

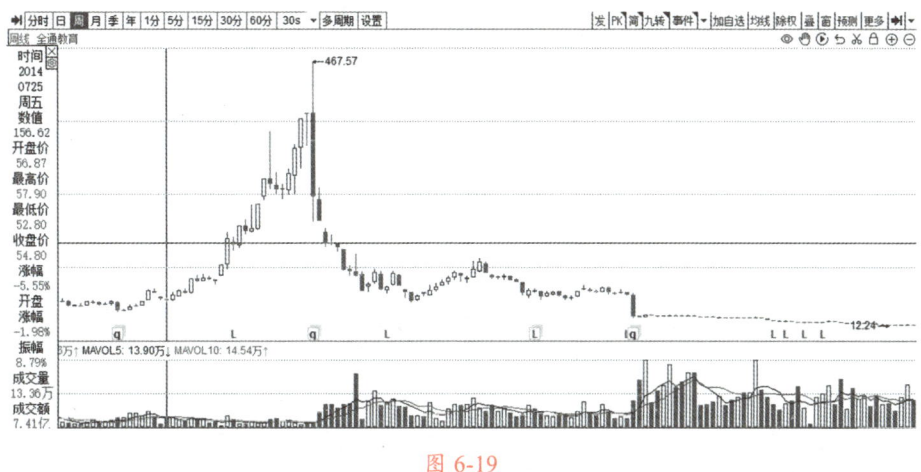

图 6-19

即使一些体量比较大、市值比较高的股票，比如券商龙头中信证券（股票代码：600030），在2014—2015年的牛市期间也涨了两三倍，如图6-20所示。

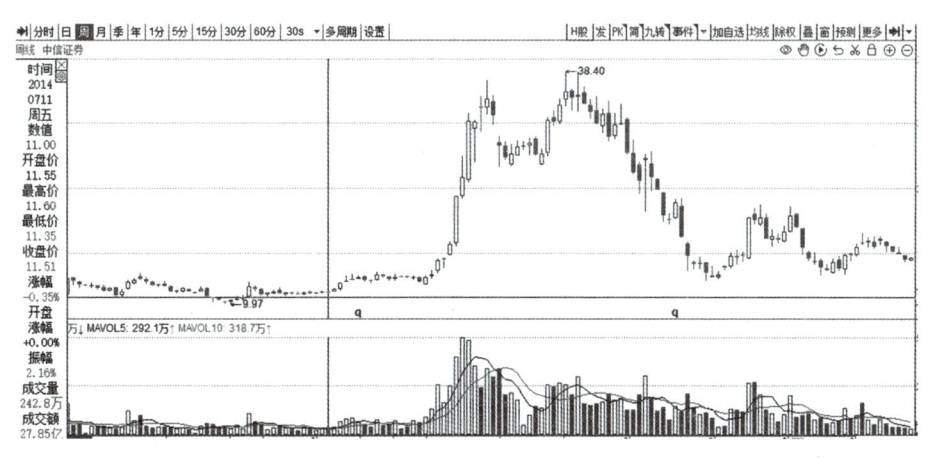

图 6-20

再比如2020—2021年由新能源领涨的牛市行情中，作为光伏逆变器的龙头，阳光电源（股票代码：300274）最高涨了近20倍（从2020年4月份的9.39元上

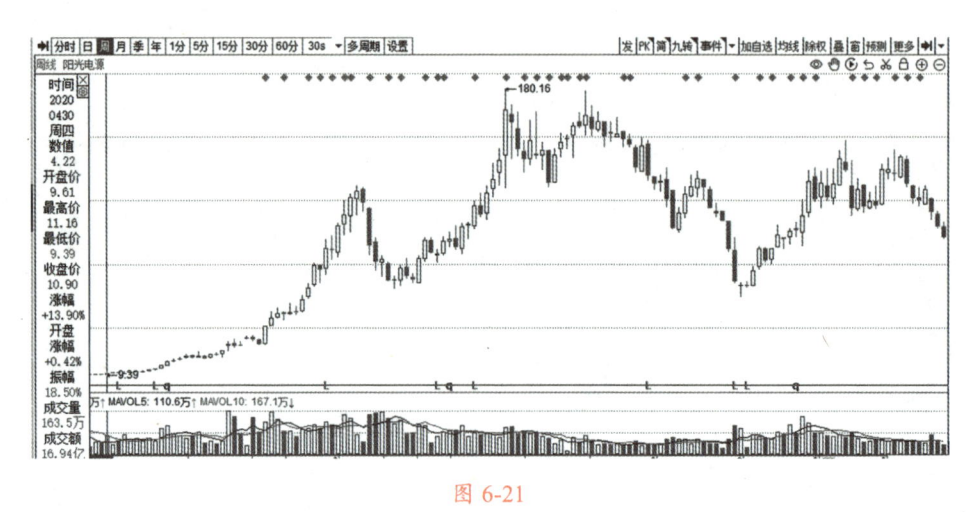

涨到 2021 年 7 月份的 180.16 元），如图 6-21 所示。

图 6-21

体量比较大的电池设备龙头股宁德时代（股票代码：300750），也在同期上涨了近 5 倍，如图 6-22 所示。

图 6-22

再来看业绩表现比较平淡的洛阳钼业（股票代码：603993）。其 2019 年的净利润为 18.57 亿元，增长率为 –59.94%（2020 年 3 月公布），2020 年净利润为 23.29 亿元，增长率为 25%（2021 年 3 月公布）。作为对比，该公司 2018 年的净利润为 46.36 亿元，增长率为 69.94%。可见，2020—2021 年该公司的业务并不出色，但即使如此，该公司股价在此期间仍有 1 倍多的涨幅（从 2020 年 4 月的 3.27 元至 2021 年 9 月的 8.56 元），如图 6-23 所示。

图 6-23

可见，在牛市期间，只要坚定持有，至少可以获得 1 倍的收益，然而现实是，大多数人总是拿不住股票。问题出在哪里？

投资者拿不住股票，分析下来无非是以下几点造成的。

第一，熊市被套的心理阴影。牛市之前是熊市，在漫长的熊市中，许多投资者被深套，因此牛市股票上涨解套后，他们就急于卖出回本，害怕再次被套。

第二，小富即安的心态。长时间的熊市使投资者形成了小富即安的心态，缺乏对牛市持续性的信心，认为当前的上涨行情只是波段性上涨，所以挣一点就跑。

第三，过度贪婪与短视。很多投资者在自己所持股票进行阶段性回调时，就会陷入焦虑，看着其他股票持续上涨，就会心猿意马，开始调仓换股，追逐一些强势热点股，而在频繁换股之间，很容易踏空，错过股票的主升浪。

以上三点，是造成大多数投资者在牛市拿不住股票的根本原因。

找到了原因，那么解决的方法就是对症下药，一一克服。

首先，针对熊市被套的阴影，要做到的是尽可能避免在熊市被深套。前面我们讲到熊市炒股的操作要领是耐心等待时机、选择便宜的优质股票、分散持股和及时止损，就是为了防止投资者在熊市亏损太多且被深套。

还有一点很关键，就是我们要对熊市的周期和下跌空间有足够清醒的认知。这一点我们可以通过估值来判断。例如周期股赣锋锂业（股票代码：002460）在2021年9月价格达到了158.27元/股，如图6-24所示。而2021年的每股净资产是15.23元，也就是说此时的市净率达到了约10倍。我们前面提到过，周期股的市净率一般最高也就到10倍，因此从估值角度来说，该股此时已经见顶，从长期趋势来看是下行的，最终可能会跌到1倍市净率的水平。当投资者认识到这个下跌的空间之后，自然而然就能够及时止损卖出，而不是越跌越补，最终深套其中了。

图6-24

其次，我们应该充分认识到牛市的持续性和潜力。从历史上来看，A股市场的牛市再短暂，基本上也会维持差不多一年的时间，足够让我们普通投资者真正赚到大钱，所以在牛市来临的时候，要摒弃小富即安的心态，不要赚了一点小钱就跑。

最后，在牛市来临之前尽量买到潜力较大的品种，而且最好把持股成本降到非常低的水平。如果心态不够坚定，则要考虑在反弹中有盈利的情况下通过减仓来摊低成本，从而更好地持股。

举例来说，假设投资者在 2022 年 10 月份市场恐慌阶段，抄底中信证券（股票代码：600030），此时该股的市净率在 1 倍左右（2022 年每股净资产为 16.15 元），此后股价一路上涨，投资者有所盈利，此时可以通过减仓的方式，将股价成本降低到 13 元/股左右，此时所持股票的市净率约为 0.8 倍，这样投资者的安全边界就足够高了，可以安心持股至牛市的到来。实际上，从后续股价走势来看，16~17 元/股的持股成本，也是非常保险的，如图 6-25 所示。

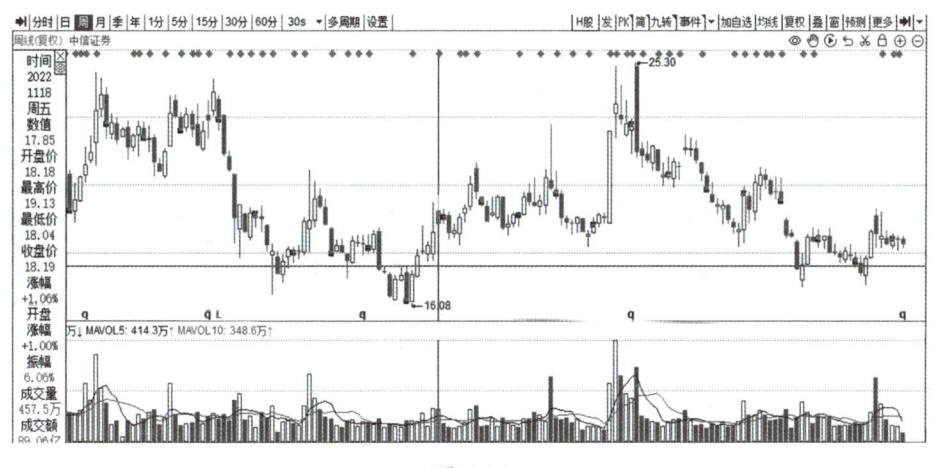

图 6-25

总结下来，在牛市中，坚定持有优质股票是获取超额收益的最佳策略，至于牛市行情炒股的关键操作要领，其实只有两个：第一，要敢于在熊市的恐慌阶段大胆抄底，从而以足够低的成本来迎接牛市行情；第二，一定要有在牛市中赚大钱的信念，不能停留在熊市思维中，不要害怕坐"过山车"。

探讨　牛市行情中做 T 操作的有效性

在 A 股市场中有一个非常普遍的现象，那就是很多散户会在经历了一轮大牛市行情之后感叹自己赚得太少，或者没有赚到原本应该赚的钱。

为什么没有赚到应该赚的钱？我们认为，散户在牛市行情中经常会犯的一个错误就是喜欢做 T，也就是常说的高卖低买。当然，如果我们每次做 T 操作都成功的话，确实可以有效地摊低成本，从而让心态更加放松，持股也就更加坚定。而且在实际操作当中，很多散户也确实练就了一番做 T 的本领。

但是，我们也发现正是由于这种操作方式，最终也限制了散户的最终收益。可能很多人不太理解：明明自己做差价的成功率挺高的，可是为什么到了最后却偏偏比不了那些一直持股的投资者呢？其原因其实就在于，哪怕做 T 操作的成功率较高，但是只要错了一次，就很可能断送了获得超额收益的机会。比如有人认为一只股票接下来会回落调整而选择在高点卖掉，结果后市却迎来新一轮反弹行情，从而让他们错过了大涨行情。而且一旦踏空，对于散户的心理打击是沉重的，操作在这样的情况下也极容易"变形"、出错——重新买入不仅推高了成本，而且还要担心追高被套。不买入的话，则又担心再次错过。两难的抉择极容易导致投资者失去判断力，进而导致操作失误。

所以说到底，做T是一种几乎只能对不能错的事情，而不是一个简单的概率问题。但又有几个散户能做到每次做T都不出错呢？

股市就是人性的照妖镜，过于追求低成本其实也凸显出散户对该股票的信心并不足，因此往往在股价反弹到一定高位时，散户卖出的意愿就大幅提升，在这种心态下遇到大幅震荡的行情，自然也就很容易被洗盘出局了。

哪怕是在牛市行情中，市场中板块和板块之间往往也呈现出轮动的关系，你方唱罢我登场，并不存在某类品种一直领涨的情况。假如在别的板块上涨的时候，你手里的股票正好处于洗盘的过程中，此时你必然会心有不甘，认为继续持有这类股票可能就是浪费大好时机。这种想法一旦萌芽就是非常危险的，因为在未来的某个时刻你就会把自己手中的股票卖掉，随之而来的很可能就是踏空的痛苦回忆。

正所谓大道至简，在牛市行情中并不需要过多地追求龙头板块和龙头股，散户如果能够耐心把自己熟悉的品种完整地、全周期地持有下去，就已经能获得很好的收益了。而且做自己熟悉的品种也更能清楚股价的运行规律，在仓位配置方面也能更加有信心，以至于能够重仓买入，这一点在牛市行情中也是很重要的。只不过大多数人都毁在好高骛远这一点上。